# REALITY TRANSURFING

**CÓMO DESLIZARSE A TRAVÉS DE LA REALIDAD**

## El control de la realidad

### TOMO IV

Vadim Zeland

# REALITY TRANSURFING
CÓMO DESLIZARSE A TRAVÉS DE LA REALIDAD

## El control de la realidad
TOMO IV

EDICIONES OBELISCO

Si este libro le ha interesado y desea que le mantengamos informado
de nuestras publicaciones, escríbanos indicándonos qué temas son de su interés
(Astrología, Autoayuda, Psicología, Artes Marciales, Naturismo,
Espiritualidad, Tradición…) y gustosamente le complaceremos.

Puede consultar nuestro catálogo en www.edicionesobelisco.com

**Colección Psicología**
Reality Transurfing IV
El control de la realidad
*Vadim Zeland* (**Вадим Зеланд**)

1.ª edición: mayo de 2011
2.ª edición: julio de 2025

Título original: **ТРАНСЕРФИНГ РЕАЛЬНОСТИ**
**Ступень IV: Управление реальностью**

Traducción: *Ana M.ª González*
Maquetación: *Marga Benavides*
Corrección: *Sara Moreno*
Diseño de cubierta: *Enrique Iborra*

© 2005, 2008 Ves Publishing Group (**Издательская группа «Весь»**)
www.vesbook.ru
(Reservados todos los derechos)
© 2013, Ediciones Obelisco, S. L.
(Reservados los derechos para la presente edición)

Edita: Ediciones Obelisco, S. L.
Collita, 23-25. Pol. Ind. Molí de la Bastida
08191 Rubí - Barcelona - España
Tel. 93 309 85 25
E-mail: info@edicionesobelisco.com

ISBN: 978-84-9777-956-2
DL B 9981-2013

*Printed in Spain*

Impreso en España en los talleres gráficos de Romanyà/Valls S. A.
Verdaguer, 1 - 08786 Capellades - Barcelona

Reservados todos los derechos. Ninguna parte de esta publicación,
incluido el diseño de la cubierta, puede ser reproducida, almacenada,
transmitida o utilizada en manera alguna por ningún medio,
ya sea electrónico, químico, mecánico, óptico, de grabación
o electrográfico, sin el previo consentimiento por escrito del editor.
Diríjase a CEDRO (Centro Español de Derechos Reprográficos, www.cedro.org)
si necesita fotocopiar o escanear algún fragmento de esta obra.

# LO MÁS DESTACADO DE LA TRILOGÍA REALITY TRANSURFING

TOMO I: El espacio de las variantes

A menudo yo, como la mayoría de los demás, intentaba reclamar a este mundo lo que supuestamente me correspondía. En respuesta, el mundo me daba la espalda con indiferencia. Los consejeros experimentados me decían que el mundo no cede porque sí: hay que conquistarlo. Entonces intentaba luchar contra él, pero no llegaba a conseguir nada, sólo agotarme. Y también para estos casos, los consejeros tenían preparada la respuesta: «Primero cámbiate a ti mismo y luego exige del mundo lo que quieras». Entonces intentaba luchar contra mí mismo. Resultó más difícil aún. […]

El Transurfing es un modo de elegir el propio destino, literalmente, como si fuera un producto en el supermercado. Y esto es lo que pretendo: contarte lo que todo esto significa. Sabrás por qué las manzanas pueden «caer al cielo», qué significa «el susurro de las estrellas de madrugada», y muchas otras cosas extraordinarias. […]

El ser humano, privado de la buena suerte, se lamenta de su destino: ¿por qué la vida es tan injusta? Uno lo tiene todo de sobra; el otro siempre tiene necesidad de todo. […]

¿Por qué esta desigualdad? ¿Por qué la vida, que no tiene límites en su variedad, impone restricciones a cierto grupo de la gente? ¿De qué son culpables aquellos que son menos afortunados? […]

Es entonces cuando aparecen teorías de toda clase […] Y otra vez hallamos nuevas explicaciones del tipo: «Quieres ser feliz. Sé feliz» […]

El hombre parece estar de acuerdo, pero al mismo tiempo le resulta embarazoso celebrar la gris realidad. ¿Será cierto que él no tiene derecho de querer algo más? ¿Para qué obligarse a estar alegre? Es lo mismo que obligarse a quererse a sí mismo. […]

Pero en las profundidades de su alma, el hombre no llega a comprender por qué tiene que obligarse a perdonar a aquellos a los que odia y a amar a los que le dejan indiferente. ¿Para qué le sirve? […]

Si eres así de pobre, enfermo, feo, infeliz, significa que la culpa es tuya. Tú mismo eres imperfecto y, por lo tanto, estás obligado a cambiar. El hombre se encuentra ante el hecho de que él, desde el principio, representa una aglomeración de defectos y vicios, sobre los cuales tiene que trabajar duro. Qué imagen tan triste, ¿verdad? Resulta que si un hombre no tuvo la suerte de nacer rico y feliz desde el principio, entonces su destino es bien llevar humildemente su cruz, o bien consagrar toda su vida a la lucha. No es muy grato para el alma celebrar este tipo de vida. ¿Será cierto que en toda esta desolación no hay ningún rayo de esperanza? […]

Aun así hay salida. […] … el Transurfing […]

No te apresures a agitar las manos con desencanto y a exclamar que están intentando encajarte otra quimera habitual. […]

Si tú, en tu interior, has decidido que el destino es algo predeterminado que eres incapaz de cambiar, así será. En este caso tú, por voluntad propia, te entregas a las manos ajenas, de quienesquiera que sean, y te conviertes en un barquito que está a merced de las olas. En cambio, si consideras que tú mismo creas tu destino, en este caso asumes conscientemente la responsabilidad de todo lo que te ocurre en la vida. Luchas contra las olas intentando manejar tu barquito.

Presta atención a lo que está ocurriendo: *tu elección siempre se realiza. Lo que eliges es lo que obtienes.* […]

La naturaleza del mundo es única, pero presenta siempre apariencias diferentes. […]

*El carácter multivariante es la principal y fundamental propiedad de nuestro universo.* […]

El destino del hombre también está representado por multitud de variantes.

## Extracto del capítulo II – Péndulos

La energía mental de cada persona en particular se une en un único flujo común. [...] *el péndulo energético.* [...] ¿Por qué el péndulo? Porque oscila más fuerte cuanta más gente –*partidarios*– lo alimenten con su energía. [...]

... cualquier ser vivo, capaz de emitir energía en una dirección, antes o después, crea péndulos energéticos. [...]

Cualquier péndulo es *destructivo* por su naturaleza, puesto que les quita la energía a sus partidarios y establece sobre ellos su poder. La destructividad del péndulo se manifiesta en su indiferencia hacia el destino de cada uno de sus partidarios. Su único objetivo es ir obteniendo energía de ellos; para el péndulo no tiene importancia que al partidario mismo eso le resulte útil o no. El hombre que se encuentra bajo el dominio del sistema está obligado a edificar su vida según las leyes del sistema; de lo contrario, el sistema le masticará y le escupirá fuera. Una vez que se ha caído bajo la influencia del péndulo destructivo, es muy fácil arruinarse la vida. Y, como regla general, escaparse sin pérdidas es difícil.

Si uno ha tenido suerte, encuentra su sitio dentro del sistema y se siente ahí como pez en el agua. En su papel de partidario, el hombre le da al péndulo su energía, y el péndulo, a su vez, le asegura la subsistencia. En cuanto el partidario empieza a infringir las leyes de la estructura, la frecuencia de su emisión deja de coincidir con la frecuencia de resonancia de oscilaciones del péndulo. Al no poder recibir la energía de este partidario, el péndulo expulsa o aniquila al partidario rebelde.

Si al hombre se le llevó lejos de líneas que le favorecen, su vida dentro de la estructura del péndulo ajeno se convierte en un presidio o una existencia lamentable. Para este partidario, éste se convierte en un péndulo completamente destructivo. El hombre que ha caído bajo su influencia pierde la libertad; está obligado a vivir según las leyes impuestas y se convierte en una pequeña pieza dentro del engranaje, le guste o no. […]

Sin embargo, el hombre puede estar bajo el dominio de un péndulo y lograr grandes éxitos. Napoleón, Hitler, Stalin y otras figuras semejantes, todos son *favoritos* de los péndulos destructivos. Aun así, los péndulos de este tipo nunca se preocupan por el bienestar de sus partidarios, únicamente los están utilizando para sus fines.

Cuando le preguntaron a Napoleón si fue feliz en algún momento, sólo pudo recordar unos pocos días de toda su vida. […]

A menudo una persona, al dejarse llevar por los truquitos publicitarios del péndulo, se aleja mucho de su suerte ¡a la que tenía tan cerca! Entra en el ejército y muere. Se matricula en un centro de enseñanza y en vano adquiere una profesión que no le gusta.

Encuentra un empleo que parece prestigioso, pero le es ajeno, y se hunde en un cenagal de problemas. Une su vida con una persona desconocida y luego sufre. […]

Lo importante es que sepas reconocer el péndulo y no aceptes su juego sin aprovecharlo. […]

… existen organizaciones benéficas, asociaciones protectoras de la naturaleza, de los animales y muchas otras. ¿Qué tienen éstas de destructivo? Para ti en particular, lo quieras o no, que los péndulos destructivos se alimentan de tu energía.

Y no les importa tu felicidad ni tu bienestar. Te invitan a ser misericordioso con los demás, pero se mantienen indiferentes respecto a ti. Si esto te conviene y te sientes verdaderamente feliz realizando ese tipo de trabajo, se puede decir que has descubierto tu vocación y encontrado tu péndulo. Pero en eso tendrás que ser muy sincero contigo mismo: ¿no llevas la máscara de bienhechor? ¿De verdad estás dando tu energía y tu dinero para el bien de los demás o sólo juegas a la beneficencia para así parecer mejor?

Pero, ¿para qué te estoy contando todo eso? Para explicarte lo que significa *elegir* el destino y cómo hay que hacerlo. Ten paciencia, querido lector; no todo es tan fácil, pero poco a poco la situación empezará a aclararse. [...]

Por muy justificativas que sean las consignas con que se encubren las guerras y las revoluciones, su esencia siempre es la misma: una *lucha de los péndulos* por los partidarios. Las formas de batallas puedan ser diferentes, pero el único objetivo siempre es conquistar el mayor número posible de partidarios. Los nuevos miembros son una necesidad vital para el péndulo; sin éstos se detendrá, por lo que la batalla de los péndulos es una lucha por la existencia natural e inevitable. [...]

En cuanto una persona se sintoniza con la frecuencia del péndulo, a nivel de energía surge interacción entre esta persona y el péndulo. [...] Surge una especie de apoderamiento, un lazo con conexión inversa. [...]

Uno de los métodos preferidos de un péndulo para obtener el acceso a tu energía es sacarte del equilibrio. Al desviarte del equilibrio empiezas a «balancearte» en la frecuencia del péndulo y de este modo le oscilas a él. [...]

El sentimiento de culpabilidad también es uno de los canales más amplios por los que el péndulo extrae la energía de ti. [...]

«Si la culpa es tuya, harás lo que yo te diga».

Vivir con una sensación de culpa es muy incómodo, por lo que las personas intentan librarse de ella. ¿Pero de qué manera? Sufrir un castigo o pagar la culpa con el propio trabajo. Tanto una cosa como la otra suponen sumisión, obediencia y trabajo de los pensamientos en una dirección determinada. [...]

El hombre puede ser consciente de que los pensamientos negativos no conducen a nada bueno, no obstante, por costumbre comete los mismos viejos errores.

De esta manera, las costumbres frecuentemente crean problemas y obligan a actuar de modo ineficaz; librarse de estos hábitos resulta muy difícil. Todas esas costumbres son una ilusión del confort. El hombre confía más en lo que conoce desde siempre. […]

¿Será posible para el hombre deshacerse de la influencia del péndulo? […]

… sucede con frecuencia que se alguien subleva y se alza abiertamente contra el péndulo avasallador. En tal duelo, el hombre *siempre* sufre la derrota. El péndulo puede ser vencido sólo por otro péndulo. […]Si desobedece y empieza la lucha, sólo perderá la energía y, en el mejor de los casos, será arrojado fuera de las bandas del sistema; en el peor, será aplastado. El partidario que se atreve a infringir las reglas establecidas por el péndulo se proclama fuera de la ley.

… la culpa no consiste en el acto en sí, sino en que el partidario se insubordinó, lo cual significa que dejó de suministrar energía al péndulo.

¿Por qué a la «cabeza agachada no la corta la espada»? Porque el hombre que aceptó la culpa está totalmente dispuesto a someterse al poder del péndulo. […]

Le importa sólo el restablecimiento del control perdido. […]

Los auténticos motivos de un péndulo, normalmente, se enmascaran con los principios morales. Al parecer, el arrepentido del hecho no es tan malvado. Puedes distinguir fácilmente por ti mismo dónde está actuando el principio moral y dónde se afectan los intereses del sistema, si recuerdas siempre qué es lo que representan los péndulos en sí y cuáles son sus verdaderos objetivos. […]

… cuanto más fuerte sea tu deseo de evitar algo, más posibilidades tienes de obtenerlo. Luchar activamente contra lo que no quieres significa poner todos tus esfuerzos para que ocurra eso en tu vida. Para trasladarse a las líneas indeseables de la vida ni siquiera es necesario emprender ninguna acción. […] apenas dejes que lo indeseado entre en ti, te compenetres con la aversión y empieces a mimar este sentimiento, lo indeseado se materializará en tu vida sin falta. El único método de evitar lo indeseado en tu vida es librarse de la influencia del péndulo que se apodero de tu energía mental. […]

... no tienes derecho ni a juzgar ni a cambiar nada en este mundo. Tienes que aceptar todo como si fueran los cuadros de la exposición, te gusten o no. En una exposición pueden exponerse muchos cuadros que te parezcan poco atrayentes. Sin embargo, no se te pasa por la cabeza exigir que se los quite de ahí. Después de haber aceptado el derecho del péndulo a existir, tienes derecho de abandonarlo y no dejarte influenciar. Lo importante es no luchar con el péndulo, no censurarlo, no perder los nervios, pues todo eso significará tu participación en el juego. Al contrario: debes aceptarlo tranquilamente como algo debido, como un mal inevitable y después retirarte. Al expresar el rechazo de cualquier manera, das la energía al péndulo.

Antes de llegar a comprender lo que significa *elegir*, tienes que aprender a *negar*. Normalmente, las personas no imaginan con claridad qué es lo que quieren. Pero todos saben con exactitud qué es lo que no quieren. En el intento de librarse de las cosas o sucesos indeseables, la mayoría actúa de manera que todo le resulte justo al revés.

*Para negar es necesario aceptar.* La palabra «aceptar» aquí no significa estar dispuesto a recibir o conformarse, sino es reconocer el derecho de existir y, por tanto, indiferentemente pasar por alto. Aceptar y soltar, significa: dejar que lo indeseable pase a través de ti y despedirlo diciéndole adiós y hasta nunca. [...]

... ¿Cuál es, entonces, la defensa contra el péndulo? *El vacío.* Si soy vacío, no tengo con qué se me pueda enganchar. No entro en el juego del péndulo, pero tampoco intento defenderme de él. Simplemente lo ignoro. La energía del péndulo pasa volando sin tan siquiera rozarme y se dispersa en el espacio. El juego del péndulo ni me preocupa ni me molesta. Respecto a él, soy vacío. [...]

Si te molesta alguien, intenta probar en él el modelo de péndulo destructivo; seguramente le sentará bien. Si no puedes detener al «cataplasma», en tal caso, simplemente no contestes a sus provocaciones, ignóralas. Él no te dejará en paz mientras no dejes de darle tu energía. Y la energía se la estás dando tanto de modo directo, entrando en disputa con él, como de modo indirecto, odiándole en silencio. Dejar de dar energía significa no pensar en esa persona en absoluto, quitarle de tu cabeza. Decide simplemente para tus adentros: «¡Qué te den morcilla!», y éste abandonará tu vida. [...]

... la costumbre de reaccionar de modo negativo a las circunstancias enojosas es la palanca de arranque del mecanismo por el cual un péndulo se apodera de tu energía mental. Esta costumbre irá desapareciendo si juegas a un juego peculiar, donde con intención harás los siguientes cambios: miedo-seguridad, melancolía-entusiasmo, indignación-indiferencia, irritación, alegría. Intenta reaccionar, aunque sea ante los pequeños disgustos, de forma «inadecuada». ¿Qué puedes perder? [...]

Para cualquier problema difícil existen soluciones fáciles. La clave de solución de cualquier problema siempre se halla en la superficie; la cuestión es sólo cómo darse cuenta de ello. El péndulo que ha creado este problema te impedirá que la veas. [...]

Cualquier persona, a lo largo de su vida, tropieza continuamente con dificultades de todo tipo, sobre todo si es algo nuevo y desconocido. Y como consecuencia, cada uno tiene la costumbre bien arraigada de recibir los problemas con recelo, a veces incluso con un miedo respetuoso. Al mismo tiempo, el hombre siempre duda de su capacidad de superar dificultades. Y como resultado, la propensión a enfrentar los problemas con recelo se convierte en un hilo de marioneta. [...]

Los péndulos no son el mal absoluto para el hombre, si éste actúa conscientemente. Nadie puede estar totalmente libre de ellos. La cuestión es sólo saber cómo no dejar influenciarse por los péndulos y utilizarlos conscientemente en interés propio. El Transurfing te ofrece los métodos concretos para hacerlo. [...]

... son los péndulos los que, al fin y al cabo, convierten los sueños del hombre en realidad. [...]

## Extracto del capítulo III – Ola de la suerte

Cada uno tiene sus olas de éxito. [...]

La ola de la suerte es una formación temporal, pero no se apodera de la energía ajena, por lo que al fin se extingue como las olas marinas que se rompen contra la orilla. [...]

Puede parecer que la ola va y viene. [...] la ola de la suerte existe en el espacio de las variantes de modo fijo, en calidad de acumulación de líneas favorables. Eres tú quien desplazándose por las líneas de la vida, encuentras esta heterogeneidad como una ola y la atrapas dejándola entrar en tu vida, o te alejas de ella, arrastrado por los péndulos. [...]

Si agradeces todo lo que tienes, si sientes amor por todo lo que te rodea y te ayuda a vivir, emites energía positiva. Entonces, si quieres, podrás contar por completo con que tus circunstancias mejoren. [...]

Siempre hay cosas y situaciones que dominan nuestros pensamientos. *Nuestros pensamientos siempre vuelven a nosotros como un bumerán.* [...]

... no es suficiente que no dejes entrar en ti la energía negativa. Es necesario que tampoco la emitas. [...]

Si dejas que entre en ti la energía negativa, tendrás disgustos en tu vida. Emites energía negativa y ésta volverá a ti como un bumerán, bajo la forma de nuevos problemas. [...]

En vez de aceptar los juegos de péndulos destructivos, busca los péndulos cuyos juegos puedas aprovechar. Lo cual significa adquirir la costumbre de prestar atención a todo lo bueno y positivo. En cuanto veas, leas u oigas algo bueno, agradable, esperanzador, fíjalo en tus pensamientos y alégrate. [...]

¿Cómo puedes mantener en ti ese estado festivo? Primero, *recordándolo*. Por costumbre nos zambullimos completamente en los días monótonos y olvidamos lo bueno, y esto deja de alegrarnos. Es una mala costumbre. Son los péndulos los que nos obligan a olvidarnos de esto. [...]

Alégrate por todo lo que tienes en este momento dado. No es un llamamiento huero a ser feliz por determinación. A veces las circunstancias se presentan de tal manera que es muy difícil sentirse feliz. Desde el punto de vista práctico, sin embargo, expresar el disgusto es muy desventajoso. Quieres llegar a aquellas líneas de la vida donde todo te satisface, ¿verdad? Pero ¿cómo llegarás hasta ahí, si tu emisión está llena de disgusto? [...]

Es imprescindible que percibas cualquier cambio positivo y lo cuides con mucho cariño, ya que estos cambios son precursores de la ola de la suerte. En cuanto oigas algunas noticias esperanzadoras, por insignificantes que sean, no te olvides de ellas enseguida, como lo hacías antes; al contrario: saboréalas, habla de ellas, sal en su búsqueda. Reflexiona sobre estas noticias, analízalas desde todos puntos de vista, haz pronósticos, espera mejoras subsiguientes. Al actuar de esta manera, estás pensando en la frecuencia de ola de la suerte y te sintonizas con sus parámetros. [...]

Cuanto peor piensa uno sobre el mundo que le rodea, peor se torna el mundo para él. Cuanto más se amarga por los fracasos, con más gusto le vienen otros. «Según es la voz es el eco.» Cuanto peor piensa uno sobre el mundo que le rodea, peor se torna el mundo para él. Cuanto más se amarga por los fracasos, con más gusto le vienen otros. [...]

## Extracto del capítulo IV – Equilibrio

En la naturaleza todo tiende al equilibrio. [...]

Estamos acostumbrados a que la vida tenga épocas blancas y negras; el éxito sustituye al fracaso. Todo eso revela la existencia de esa ley [...]

El equilibrio se desestabiliza no sólo con acciones, también con pensamientos. Y no sólo porque los pensamientos procedan a las acciones. Como sabes, los pensamientos emiten energía. En el mundo de la realización material todo tiene una base energética. Y todo lo que sucede a nivel invisible se refleja en el mundo de los objetos materiales visibles. [...]

... a menudo el hombre obtiene como resultado algo totalmente opuesto a lo que era su intención, por lo cual no queda nada claro qué es lo que ocurre. Y como consecuencia surge una sensación de que aquí está actuando una fuerza inexplicable, una especie de «ley de Murphy». [...]

... puedes notar que otra gente logra mucho más con mucho menos esfuerzo. [...]

El que no sepa descansar, relajarse, no sabe trabajar. Al llegar al trabajo, alquílate. Entrega tus manos y tu cabeza, pero no el corazón. El péndulo necesita toda tu energía, pero no has llegado a este mundo sólo para trabajar para él [...]

Alquilarse no significa, en absoluto, actuar de manera indisciplinada e irresponsable. Significa actuar con indiferencia, sin crear potenciales excesivos, y no obstante, hacer lo necesario con precisión. [...]

«Enfrascarse en el trabajo» está justificado en un solo caso: si el trabajo es tu objetivo. Sobre lo que es *tu* objetivo hablaremos más adelante. En caso de ser tu objetivo, el trabajo te sirve de túnel que te llevará al éxito. Un trabajo así, al contrario, te llena de energía, te da alegría, inspiración y satisfacción. [...]

... antes de nada relájate y perdónate todas tus imperfecciones. Si de momento no eres capaz de amarte, al menos, desiste de luchar contra ti mismo y acéptate tal cual eres. Sólo en este caso el alma se convertirá en un aliado de la mente. Y es un aliado muy poderoso. [...]

A pesar de que todo eso suena tan simple, hasta trivial, muchas personas desperdician una energía colosal para luchar contra sí mismas y ocultar sus imperfecciones. Se condenan a sí mismas, como si fueran titanes, a soportar ese peso toda la vida. Pero en cuanto se permitan ser ellas mismas y se desprendan de esa dura carga, la vida se tornará para ellas notablemente fácil y sencilla. La energía será redirigida, no ya a la lucha contra los defectos, sino al desarrollo de las cualidades positivas. [...]

Desde el punto de vista del Transurfing, a la hora de conseguir lo deseado nos resulta desventajosa la costumbre nociva de mostrar nuestro disgusto por cualquier futilidad, sólo nos impide conseguir lo deseado. Y al contrario, la costumbre de experimentar pequeñas alegrías por cualquier motivo, por insignificante que sea, es muy beneficiosa. La conclusión es única: necesitamos *sustituir* la vieja costumbre por una nueva. [...]

Volvamos otra vez al ejemplo de la exposición que no te gustaba tanto. Siente como si estuvieras en tu casa, pero no olvides que eres sólo un huésped. Nadie tiene derecho de juzgar, pero cada uno tiene derecho a elegir. Al péndulo le conviene que expreses activamente tu descontento. Por tanto, te será más provechoso retirarte, simplemente, y elegir otra exposición. Preveo la pregunta: «¿Y si no tengo adónde ir?». Fueron los péndulos los que te inculcaron esa confusión. Este libro se dedica precisamente a ese tema: cómo librarse de la falsa limitación. [...]

Una idealización del mundo es el lado inverso del descontento. Lo vemos todo color de rosa y muchas cosas parecen mejores de lo que son en realidad. Como ya sabes, si parece que en algún lugar haya algo cuando en realidad no lo hay, en tal caso surge el potencial excesivo. Idealizar significa sobreestimar, subir al pedestal, adorar, crear un ídolo.

El amor que crea y dirige el mundo se distingue de la idealización en que en el fondo es, por muy paradójicamente que suene, impasible. *El amor absoluto* es un sentimiento sin derecho de posesión, admiración sin adoración. En otras palabras, no causa *relaciones de dependencia* entre el que ama y el objeto de su amor. Esta fórmula tan simple te ayudará a determinar dónde acaba el sentimiento y comienza la idealización. [...]

... el amor genera energía positiva que te llevará a la línea de la vida correspondiente; y la idealización crea el potencial excesivo que dará lugar a las fuerzas equiponderantes que intentarán eliminar ese potencial. […]

Si el amor se convierte en una relación de dependencia, inevitablemente se creará el potencial excesivo. El deseo de tener lo que no tienes causa el «salto de presión» energético. Una relación de dependencia se determina por la manera de plantear la cuestión: «si haces tal, yo haré cual». Podemos poner ejemplos cualesquiera. «Si me quieres, entonces te dejas todo y vienes conmigo al fin del mundo. Si no te casas conmigo, entonces no me quieres. Si me alabas, eres mi amigo (amiga). Si no me das tu pala, no te dejo jugar con la arena.» […]

*La mente no trata dirigir sus movimientos yendo con la corriente, sino que intenta dirigir la corriente misma. Pasar el centro de la gravedad desde el control a la observación significa aceptar el universo vital de las variantes con sus imprevistos y desviaciones. Si te mueves a favor de la corriente, el mundo saldrá a tu encuentro.*

TOMO II: El susurro de las estrellas de madrugada

## Extracto del capítulo I – Intención

Tanto en un sueño consciente como en uno inconsciente, la imagen es muy precisa, hasta el mínimo detalle. También sucede que los sueños, por la nitidez de las formas y viveza de los colores, superan cualquier realidad. Existe una hipótesis de que la mente misma sintetiza las imágenes de los sueños y mientras soñamos percibe esas imágenes del mismo modo que en la realidad. Realmente eso no es más que una hipótesis. Hasta ahora nadie ha demostrado que todo suceda precisamente así. El modelo de Transurfing tiene una interpretación totalmente distinta del fenómeno del sueño: *el subconsciente no imagina nada por su propia iniciativa, sino que se conecta directamente con el espacio de las variantes, que contiene toda la información.* [...]

La intención exterior representa una fuerza enorme e inconcebible. Sin embargo, te has podido percatar de cómo de imprecisa e inalcanzable es. Es el control y, al mismo tiempo, la renuncia de todo el control. Es la voluntad de actuar y renunciar a la presión forzosa. Es la decisión de tener y el rechazo de la pretensión de conseguir. Para la mente es algo nuevo e insólito. Uno está acostumbrado a conseguir todo con la intención interior. Influyes directamente sobre el mundo y éste reacciona enseguida. Todo es muy simple y fácil. Pero el mundo no cede así de fácilmente, necesitas emplear fuerza, insistir en lo tuyo, luchar, abrirte el camino. Y de repente aquí te ofrecen rechazar el ataque activo, diciendo que el mundo mismo te abrirá sus abrazos. Evidentemente, tal enfoque poco trivial desconcierta la mente.

¿Cómo entonces, lograr el equilibrio y combinar la firmeza de tener con la renuncia de la influencia directa? La respuesta surge por sí misma: hay que mantener el equilibrio de la intención. [...]

### Extracto del capítulo II – Diapositivas

En el Transurfing, las técnicas para conseguir los objetivos se hallan fuera de los límites del sentido común y las ideas corrientes. De todas las técnicas no tradicionales, la que más se aproxima al Transurfing es la visualización del objetivo deseado. Dicho método consiste en visualizar lo deseado con tantos detalles como sea posible y llevar siempre esa imagen en la mente. [...]

En el Transurfing realizas *una visualización del proceso de movimiento hacia el objetivo*; pues en este caso precisamente actúa la intención, por tanto el objetivo será alcanzado, tarde o temprano. El avance hacia el objetivo no sucede tan rápido como en un sueño, pero hay movimiento y ¡bastante perceptible! Al estudiar el último capítulo aprenderás prácticamente *a ver tu avance por las líneas de la vida*. […]

## Extracto del capítulo IV – Objetivos y puertas

*Inspiración es el estado de la unión del alma y la mente con ausencia del potencial de la importancia.* La primera parte de la definición es fácil de comprender. Inspiración es el estado de entusiasmo del alma en que proceso de creación fluye de manera ligera, simple y, lo más importante, con éxito. Es totalmente evidente que esto puede tener lugar sólo a la condición de que haya unión del alma y la mente. Nunca experimentarás inspiración haciendo un trabajo que no te gusta. […]

*La inspiración no viene, sino que sólo se libera cuando se va el potencial de la importancia.* Y al contrario, la inspiración se reprime cuando la mente, en su impaciencia, mete el alma en la funda de espera. La nociva costumbre de la mente de someter todo al control de su voluntad estropea toda la fiesta. […]

- ¿Qué es lo que a tu alma le gusta? ¿Qué hará tu vida feliz y alegre?
- No pienses en el modo de conseguir tu objetivo hasta que no lo definas.
- Al tomar la decisión, cobra conciencia del estado de confort de tu alma. […]


TOMO III: Adelante al pasado

## Extracto del capítulo I – Energía

Para que la práctica del Transurfing sea eficaz necesitas gozar de buena salud y energía vital lo bastante potente. Supongamos que crees contar ya con bastante buena salud. Pero quizás no sepas, simplemente, cómo se siente una persona realmente sana. Si por la mañana te da pereza levantarte de la cama; no tienes ninguna gana de ir al trabajo o a estudiar; si después de comer te sientes débil y te entra sueño; si por las tardes no te apetece nada salvo acomodarte delante de la tele, significa que no estás sano en absoluto. En este caso la energía sólo te alcanza para mantener una moderada existencia. [...]

Tu estado de ánimo y tu vitalidad están relacionados directamente con tu energía vital. [...] La energía fisiológica, por sí sola, no es suficiente para mantener la vitalidad en un nivel alto. [...]

El estado deprimido o tenso provoca el bloqueo de los flujos centrales. Los canales centrales se contraen y la circulación de la energía libre se ralentiza o se detiene por completo. En tal estado la intención pierde su fuente de alimentación. Al estar estresado, uno no es capaz de actuar con eficacia, puesto que la intención está bloqueada. [...] En la mayoría de los casos, en estado de estrés las facultades y posibilidades de uno disminuyen considerablemente. [...]

El estrés es consecuencia de la importancia. Puedes librarte de él en un instante: simplemente quitando la importancia. [...] Recuérdalo: al quitar la importancia, te librarás del péndulo y podrás actuar con eficacia. Tienes que ser consciente de que la importancia excesiva *siempre* actúa en tu contra. [...]

Para practicar Transurfing es imprescindible entrar en estado de relajación en cualquier circunstancia y lo más rápido posible. No se necesita ninguna sugestión verbal, puesto que los músculos no se controlan con palabras, sino con la intención. [...] No obstante, existen algunos grupos de músculos que han perdido la costumbre de obedecer a la intención. Eso se debe al estilo inactivo de la vida moderna. [...]

Al hombre le parece que si acumula mucha energía, se convertirá en una persona fuerte y podrá lograr el éxito. Tal acumulación sólo sirve como preparación para influir en el mundo con la fuerza de la intención interior. Como ya es sabido, intentar conquistar el mundo o cambiarlo a la fuerza es una tarea extremadamente difícil, ingrata, ineficiente y, por consiguiente, requiere mucho gasto de energía. Al interactuar con el mundo por la fuerza de la intención interior, el hombre se cree más de lo que es. En realidad él es sólo una gota en el océano. [...]

Con la fuerza de la intención interior puedes realizar acciones elementales en el mundo material. Sin embargo, la posibilidad potencial se materializa en el espacio de las variantes sólo con la fuerza de la intención exterior. Y la intención exterior surge cuando el alma y la mente están unidas en sus aspiraciones. *La fuerza de la intención exterior es proporcional al nivel de tu energía vital.* [...]

El péndulo te puede dar furtivamente su empujón a modo de malestar o de alguna enfermedad, que te preocupa mucho y te obliga a notar para tus adentros: «Me parece que estoy enfermo». [...]

El juego con un péndulo destructivo comienza por aceptar con mucho gusto los síntomas de la enfermedad o, en otras palabras, te agarras al extremo de la espiral de la transición inducida. [...]

El objetivo declarado de los péndulos de la medicina es la lucha contra las enfermedades. En realidad esta lucha crea una multitud de fenómenos negativos, propios de los péndulos destructivos, ya que su objetivo principal es mantener y atraer a partidarios. [...]

Al apartarte de los péndulos de las enfermedades obtendrás plena libertad, la cual no podrá durar mucho. Así está organizado el hombre, que necesita ser partidario de algún péndulo. [...]

## Extracto del capítulo II – Freiling

*Para atraer la atención hacia tu persona basta con expresar interés por los que te rodean.* Habla con la gente no de lo que te interesa a ti, sino de lo que les interesa a ellos, inclusive sobre ellos mismos. En este caso tu intención interior se transformará en la exterior. La gente de tu entorno se interesará enseguida por un interlocutor así; simplemente no sabrán escapar de tu intención exterior, puesto que ésta trabaja de un modo completamente inconcebible. [...]

*La posición de la intención exterior consiste en determinar qué es lo que quiere la gente, qué le falta, qué necesita, qué es lo que la mueve, qué le interesa.* [...] La mente siempre tiende a idealizar sus capacidades. Se entusiasma por completo con el proceso de creación sin ver nada a su alrededor. La mente trata de someterlo todo a su control. [...]

Al comunicarse entre sí, las personas se amoldan, en cierto grado, la una con la otra. Se tiene en cuenta el carácter, el temperamento, el nivel del intelecto, los modales, etcétera. Si la sintonización no resulta, no se llega a la comprensión mutua y la comunicación se reduce, simplemente, a llenar el aire con palabras. Sin sintonizarte con la frecuencia de tu *partenaire* no lograrás una comprensión recíproca. [...]

*Puedes ganar fácilmente la simpatía de alguien, si le pides que te ayude a salir de una dificultad o que te haga un pequeño favor.* Al pedir un favor a tu *partenaire*, renuncias a tu significación y elevas la de él. Se siente más significante si le das a entender que necesitas su ayuda y le brindas la oportunidad de manifestarse, de destacar su importancia. [...]

Si conoces cuáles son los defectos que puedan impedirte lograr tu objetivo y consideras que no posees ciertos hábitos o conocimientos, acéptalo. Acéptate tal como eres. *Permítete el lujo de tener defectos y no poseer cualidades necesarias.* Eso te ayudará mucho, te aliviará y tranquilizará. Si luchas contra tus imperfecciones e intentas disimular la falta de cualidades necesarias, éstas seguramente aparecerán durante alguna prueba decisiva. [...]

## Extracto del capítulo IV – Adelante al pasado

Para la rápida puesta en marcha de las fuentes energéticas, hay un método eficaz que puedes utilizar. Imagina que, desde el mismo centro de tu cuerpo, salen dos flechas horizontales en direcciones contrarias: una se dirige hacia adelante, la otra hacia atrás. [...] Ahora hazlas girar en tu mente al mismo tiempo: la de delante hacia arriba, la de atrás hacia abajo, de manera que se coloquen verticalmente a lo largo de la columna vertebral. Enseguida sentirás que los flujos energéticos se han avivado notablemente.

Puedes realizar este ejercicio tanto estando de pie como caminando. Es como si giraras la *llave* que pone en marcha los flujos centrales. [...] *El giro de la llave es el primer elemento de la transacción.* [...]

Sería útil adquirir la costumbre de girar la llave lo más a menudo posible durante el día. De esta manera podrás liberar y aclarar continuamente la energía de la intención de los potenciales excesivos que te oprimen. [...]

*El segundo elemento de la transacción es la visualización de la diapositiva del objetivo.* Una vez girada la llave, comienza a proyectar en la mente la diapositiva del objetivo. No olvides que debes imaginarte dentro de la diapositiva, en vez de mirarla como si fuera una película. Imagínate en la situación en la que el objetivo está conseguido. [...]

Una vez que logres imaginarte más o menos claramente dentro de la diapositiva, mira adelante con *una mirada consciente*. No pienses en nada y no analices, simplemente dirige la mirada clara adelante, a lo que se ve a lo lejos. *La mirada clara es el tercer y último elemento de la transacción.* [...]

Realiza la transacción impasiblemente, tal como te cepillas los dientes o te peinas. Puede que no te resulte nada enseguida, igual que cuando montas en bicicleta por primera vez. [...] Haz que tus intentos sean espontáneos; no te esmeres, no te esfuerces, no concedas gran significado a la técnica de transacción en sí. Es completamente posible que encuentres para ti una técnica muy distinta. [...]

**Vadim Zeland**

# CAPÍTULO I

## LA DANZA DE LAS SOMBRAS

*Mi mundo y yo salimos a pasear*

## Origen de la intención

Las relaciones del ser humano con su mundo circundante se configuran de tal forma que cualquier novedad necesariamente se convierte en algo cotidiano. La realidad cambia de cariz constantemente igual que hacen las nubes en el cielo. Pero la velocidad de los cambios no es tan elevada para percibir el movimiento de la realidad material en el espacio de las variantes, de igual forma que el movimiento y la trasformación de las nubes sólo se percibe claramente con una rápida reproducción de escenas a cámara lenta.

Incluso la frescura de los cambios, que reaviva la vida con un fulgor efímero, se desvanece igual de rápido. Lo extraordinario se convierte en normal, la dicha de la fiesta se disuelve en la cotidianeidad. Resulta aburrido...

Podemos preguntarnos retóricamente qué es el aburrimiento. Es difícil dar una respuesta esclarecedora, más sencillo es explicar cómo luchar contra él. Al librarse de la monotonía de la cotidianeidad, el alma y la mente crean todo tipo de juguetes, que aportan impresiones extraordinarias. El juguete es un buen remedio contra el aburrimiento. El juego es todavía mejor.

Además del patinaje, gozan de gran popularidad el escondite, jugar al pillapilla y otros juegos donde reina la algarabía. Al crecer, el individuo inventa formas cada vez más sutiles de diversión. Incluso muchas profesiones son, en esencia, meros juegos.

Y, ¿por qué muchas? Trata de nombrar un trabajo que no se pueda considerar un juego. Presta atención: si la persona está haciendo algo, está en cualquier caso jugando. Pero a lo que hacen los niños, los adultos lo denominan condescendientemente juego. Y los adultos juegan a lo que solemnemente denominan su trabajo.

Y tanto unos como otros se entregan a sus ocupaciones con total devoción. Pregúntele a un niño a qué se dedica y éste le responderá con aspecto circunspecto, casi preocupado: «Juego». Trate de distraer a un adulto de su trabajo y éste se indignará diciendo: «Estoy ocupado con algo importante».

Así es que el juego es algo importante. ¿Qué hace un niño cuando no está jugando? Por norma, hace travesuras. ¿Y un adulto? Holgazanear, así lo denominan los adultos. Pero la inactividad enseguida agota, produce aburrimiento y por eso uno se quiere dedicar a algún juego.

Así que ¿para qué es necesario el juego?, ¿sólo para evitar el aburrimiento? O planteémonos la cuestión de otra forma: ¿qué produce el aburrimiento?, ¿la falta de impresiones?

En realidad, esta cuestión no es tan trivial como pudiera parecer. Tras esta pasión por el juego hay una necesidad tan antigua como la humanidad. ¿Cuál es la necesidad primigenia de cualquier ser vivo?, ¿el instinto de supervivencia? Ése es un estereotipo establecido, sin embargo, no es la respuesta adecuada. ¿Quizás la necesidad de reproducirse? La respuesta es de nuevo incorrecta. ¿Cuál es entonces exactamente?

*Lo primero es la necesidad en alguna medida de regir la propia vida de manera autónoma*, éste es el principio fundamental que subyace tras el comportamiento de todos los seres. Todo lo demás, desde el instinto de supervivencia hasta el de reproducción, es consecuencia de este principio. En otras palabras, *el objetivo y el sentido de la vida de cualquier ser es controlar su realidad.*

Pero esto no es posible si el mundo circundante existe independientemente de uno y actúa de manera incontrolada e incluso hostil. Siempre se encuentran deseosos de arrebatarle a uno un trozo de comida, expulsarle de su acogedor rincón o incluso devorarle. Da rabia e incluso miedo cuando la vida no se vive, sino que trascurre y uno no puede hacer nada. De ahí que surja la necesidad imperiosa y a veces infundada de mantener el mundo que nos rodea bajo control.

Tal giro en los acontecimientos puede resultar inesperado para muchos: «Pero si para nosotros siempre ha sido evidente que el instinto de supervivencia era lo fundamental y ahora, ¿sólo resulta ser consecuencia de algo más importante?».

Sin embargo, puede parecer extraño sólo a primera vista. Si se analiza, está claro que no importa a lo que se dedique un ser vivo (aparte de sobrevivir y reproducirse), todo lo que hace *conduce al intento de mantener el control sobre su realidad circundante.* Éste es precisamente el motivo principal y la fuente primigenia de cualquier intención que hay tras la actividad de todo ser.

La inactividad, por el contrario, representa falta de control. Consecuentemente, *el aburrimiento en sí no existe, es sólo un deseo constante e insaciable de regir la realidad,* someterla, de alguna forma, a nuestra voluntad. El juego en este sentido actúa como modulador de la realidad controlada.

Veamos el ejemplo de algunos pájaros a los que les gusta jugar con piñones. El piñón es una parte de la realidad que existe independientemente de ella y fuera de su control. Pero tan pronto el pájaro hace del piñón un atributo de su juego, esta parte de la realidad, y hasta cierto punto la realidad misma, se vuelve controlable.

Patinar es también otra forma de control. La realidad me trasporta, pero como yo quiero. Igualmente cualquier otro juego de una u otra forma está sometido a la misma regla. «Será como yo quiera». El guión del juego está más o menos predeterminado, de ahí que la situación sea predecible. Por supuesto que hay juegos en los cuales es complejo mantener una posición dominante, pero todos ellos se reducen al mismo principio: someter lo acontecido a la propia voluntad.

Cualquier espectáculo es para un espectador también un juego en el cual el control sobre la realidad está modelado. La música, la lectura, el cine o cualquier *show* son columpios para el alma y la mente. El esfuerzo agotador tras intensos pensamientos cesa y se entrega a una delicada melodía o a un argumento cautivador. No importa lo que haya ocurrido con los protagonistas de la escena, es sólo una realidad amansada, domesticada, y el observador disfruta plácidamente del espectáculo.

Los juegos con la realidad no cesan ni durante el sueño. El alma y la razón encuentran deleite en el espacio de los sueños, donde la realidad se somete fácilmente al ligero soplo de la intención.

Finalmente, el juego de la imaginación es otro método admitido. El individuo es capaz de inventar incluso realidades inexistentes, sólo para jugar al control. La ciencia ficción es extraordinaria. Se le permite ser extraordinaria mientras sea irreal. Se encuentra lejos de nuestras vidas. Mientras la realidad es corriente debido a su proximidad, pero al mismo tiempo es inaccesible porque es difícil influir en ella.

En general, ninguno de estos juegos se emprende para combatir el aburrimiento. La realidad cotidiana no es aburrida, es corriente en la medida en que es incontrolable. No es fácil someterla a la norma del «será como yo quiera». Por eso, el individuo intenta evadirse de tal realidad en el juego, donde todo es fácil y predecible.

Y, no obstante, uno no puede evadirse de la inevitable realidad. La vida de la persona está condicionada por sus circunstancias y por su estatus en la sociedad. La realidad se desarrolla en gran parte independientemente de su voluntad. Todo «quiero» tiene su correspondencia en un «no se puede». Cualquier «dame» tendrá su eco en un «no recibirás». ¿Qué se puede hacer en tales condiciones?

El individuo, por norma, mantiene un comportamiento inequívoco. Para intentar lograr lo deseado, la persona trata de influir en el mundo circundante directamente, según el principio del «dame». La influencia directa, basada en el contacto directo es una de las formas de control. Pero éste no es el único ni desde luego el método más efectivo de controlar la realidad.

Tú y yo vamos a proceder de otra forma: situando las manos a la espalda, haremos que el mundo por sí mismo se dirija al encuentro de nuestros deseos. Todo lo que sigue a continuación trata sobre cómo lograrlo. El Transurfing es una técnica de control de la realidad sin influir directamente. Sólo que ahora ya no es algo simulado como en el juego sino real.

## La ley del infortunio

Para aprender a controlar la realidad, es necesario, al menos, conocer el mecanismo de su formación. Cada individuo de manera totalmente espontánea crea *el estrato de su mundo*. Pero la mayoría de las veces no entiende cómo se lleva a cabo esto.

Aspira al «todo será como yo quiero». Intenta aplicar al mundo su sencillo principio: hacia donde me giro, hacia esa dirección avanzaré; por donde presiono, por ahí se doblará. Pero el mundo por algún motivo no desea someterse. Además, cuando giramos hacia un lado, somos trasportados en la dirección contraria.

Es necesario detenerse a reflexionar; si la realidad se comporta de manera tan extraña, eso significa que es necesario otro enfoque. ¿Tal vez esté sujeta a otras leyes? Pero mucha gente no quiere detenerse a reflexionar prefiriendo mantenerse firmemente en sus trece.

Como resultado de tal «creación» resulta el estrato del mundo en el cual «no todo es como yo quisiera». Por el contrario, mucho sucede «como yo no deseo». ¡Qué realidad más extraña, caprichosa e intratable!

A menudo uno tiene la impresión de que el mundo nos lleva la contraria. Las desgracias nunca parecen venir solas. Los temores cobran fundamento, las peores expectativas se confirman. Nos persigue de manera insistente todo aquello a lo que tenemos animadversión y que tratamos de evitar. ¿Por qué sucede esto?

En el primer libro del Transurfing ya explicamos por qué «uno obtiene lo que no quiere», sobre todo si esta falta de deseo es intensa. Si odias o temes algo intensamente, eso significa que la *intención exterior* te concederá todo eso en abundancia.

La energía de los pensamientos, surgidos de la *unidad del alma y de la mente,* cristaliza en una probabilidad potencial en la realidad. En otras palabras, *el sector del espacio de las variantes* correspondiente a los parámetros de la emisión mental, se materializa si los sentimientos del alma están en conexión con los pensamientos de la mente.

Pero esto no es lo único que confirma nuestras peores expectativas. En general, la vida sin complicaciones suele ser la norma. Todo se conforma bien y sin sobresaltos si nos movemos *por la corriente de las variantes,* sin alterar el equilibrio. A la naturaleza no le gusta gastar energía en vano y no está dispuesta a urdir tramas.

Las circunstancias y acontecimientos no deseados sobrevienen debido a que los potenciales excesivos introducen alteraciones en el mapa energético circundante, y *las relaciones de dependencia* todavía agravan más la situación.

Los potenciales excesivos surgen cuando se trasmite un significado excesivo a ciertas características.

Las relaciones de dependencia se constituyen entre las personas cuando empiezan a compararse entre sí, a oponerse y a poner condiciones tales como «Si tú lo haces de esa forma, yo lo haré de ésta».

El potencial excesivo en sí no es tan peligroso mientras la valoración distorsionada exista independientemente, por sí misma. Pero tan pronto la apreciación distorsionada de manera artificial de un objeto se compara con otro, surge la polaridad, que engendra *una corriente de fuerzas equiponderantes.*

Las fuerzas equiponderantes tratan de alejar la polaridad surgida y su acción se dirige en la mayoría de los casos contra quien ha creado esa polaridad.

Veamos ejemplos de potenciales independientes: te quiero; me quiero; te odio; me detesto; soy bueno; eres malo. Estas valoraciones son independientes, porque no se basan ni en comparaciones ni en oposiciones.

Ejemplos de potenciales construidos sobre relaciones de dependencia son: yo te amo con la condición de que me ames; yo me quiero a mí mismo porque soy superior a todos; tú eres malo porque yo soy mejor; yo soy bueno porque tú eres malo; no me gusto porque soy peor que todos; me desagradas porque no eres como yo.

La diferencia de apreciación entre el primer y el segundo grupo es evidente. Las valoraciones basadas en oposiciones crean polaridad. *Las fuerzas equiponderantes eliminan esta divergencia por medio de la lucha de contrarios.* De igual forma que los polos opuestos de los campos magnéticos se atraen.

Precisamente por eso, las contrariedades aparecen en nuestra vida de manera tan inoportuna y como si fuera adrede. Así, por ejemplo, en las parejas se manifiestan caracteres incompatibles como si fuera para castigarlos.

En diferentes colectivos siempre hay alguien que fastidia de alguna u otra manera. La ley de Murphy, o según nuestra versión, de la indefectible mala voluntad, tiene esta misma naturaleza. Y los vecinos malintencionados son una condición inherente a cualquier comunidad.

El ejemplo de los vecinos perturbadores ilustra perfectamente el efecto de la polaridad. El presente ejemplo a pesar de su «cotidianeidad» tiene relación directa con el campo de la metafísica. La cuestión radica en que algunas personas impiden a otros llevar una existencia tranquila. Pero ¿por qué? ¿Por qué hay siempre y por todas partes personas «malas» dispuestas a no dejar en paz a los «buenos»?

¿Qué ocurre? ¿Es que la gente se divide en dos bandos? Sin embargo, si hacemos una encuesta preguntando «¿A qué bando pertenece?», muy pocos se reconocen a sí mismos como malos. Tus vecinos son en su gran mayoría gente tan normal como tú.

La tendencia se crea con la energía de la fuerzas equiponderantes que sopla en la dirección de tu hostilidad. La dirección de la energía se determina por el «infame» principio: *todo lo que no te gusta, te sucederá.*

Alguien puede objetar: «¿Pero de qué fuerzas equiponderantes estamos hablando? Lo que pasa es que esta gente simplemente ha perdido la vergüenza, y dejémonos de filosofar». Pero te demostraré que esto no es filosofía barata.

Supongamos que te incordian tus vecinos. Y tú, ¿los incordias a ellos? Lo más probable es que no. ¿Y por qué? «Porque ellos son particulares, de esa manera, malos, y nosotros no somos como ellos», dirás tú. Pero no hay buenas o malas personas. Cualquier valoración es relativa porque nace de la comparación y de la oposición.

Entonces, ¿por qué tú no molestas a tus vecinos? Mi respuesta te puede parecer inusitada: *no incordias a tus vecinos porque pasan de ti.*

«Así es, precisamente –dirás tú–, porque son malos, no tienen vergüenza».

A estas relaciones tú les añades polaridad, como si fuera un electroimán, el cual te atrae nuevos problemas por parte de tus vecinos. Y tú eres para ellos como el que oye llover, porque para ellos no tienes ningún interés. A tus vecinos no se les ocurre darte valoraciones comparativas, es decir, entrar contigo en relaciones de dependencia. Y en este sentido ellos pasan de ti, *no te dan importancia y no te incluyen en el estrato de su mundo*, y por eso no sufren.

Tus vecinos no presentan polaridad en relación a ti mientras estén ocupados con sus problemas y no te presten atención. Pero tan pronto empiecen a prestar atención al vecindario y empiecen a compararse, van a dilucidar que tú no es como ellos. Y si esto los indigna y los toca en lo vivo, entonces tú mismo empiezas a incordiarlos. De ser buenos vecinos se convierten en malos vecinos.

Y posteriormente va a suceder algo todavía más increíble. Tú mismo empiezas a importunar con cosas que ni te imaginas que pudieran molestar a alguien. *Vas a incordiar a tus vecinos sin ser consciente de ello.* Lo mismo que ahora ellos no caen en la cuenta de que te incordian a ti.

Así, los ruidos en la convivencia son el primer problema que aparece. Cuanto menos te gusten, tanto más van a perseguirte a pesar de que el silencio y la tranquilidad son la forma óptima de convivencia no sólo para ti sino también para tus vecinos. La energía, de esta forma, se dispersa menos. La perturbación de la tranquilidad es siempre una anomalía que no surge de la nada. ¿De dónde viene esta energía?

El ruido de los vecinos nos saca de nuestras casillas y empezamos a odiarlos subrepticiamente (o abiertamente). Es precisamente nuestro enfado la fuente de energía. Surgen relaciones de dependencia que producen polaridad. Sentimientos desaforados del tipo «¡Odio a estos vecinos ruidosos!» crean un poderoso imán que atraen nuevas provocaciones.

Alrededor empiezan a aparecer nuevos vecinos con tendencia a llevar una existencia ruidosa, y los antiguos vecinos van a adquirir un nuevo equipo de música como si fuera para fastidiarnos a propósito.

Hay también que tener en cuenta que los vecinos de nuestros vecinos también van a aportar lo suyo, y si los sentimientos generales en relación con los perturbadores de nuestra tranquilidad coinciden, el efecto se multiplica.

Está claro que la «buena vecindad» no se estropea por un ruido. Todo depende de aquello a lo que tú tengas tendencia a sentir aversión. Pueden tirarte basura delante de la puerta, asfixiarte con un olor pestilente, hacer pintadas en el portal, etc. La aversión hacia los vecinos, considerados como género humano en general, puede entrañar incluso consecuencias más perceptibles, una inundación o un incendio.

*Igualmente, en cualquier otra situación actúa un tipo especial de ley del infortunio.* Un elemento o una característica a los que se les da un significado especial, atraen hacia sí objetos con cualidades antagónicas.

Pero *la importancia,* como se sabe, se intensifica con la comparación y la oposición. Si existe un polo, debe existir su opuesto. La polaridad es un imán para los conflictos. Todo lo que provoca aversión es atraído hacia ese imán. Todo lo que te irrita, te va a perseguir. Todo lo que no se desea en absoluto, sucede. Y en esto no hay nada de mística, es algo natural.

La polaridad distorsiona el cuadro energético alterando las fuerzas equiponderantes, y como resultado, la realidad no se refleja adecuadamente, sino que se refleja como en un espejo distorsionado. La persona no entiende que la anomalía es consecuencia de la alteración del equilibrio e intenta oponerse al mundo circundante en vez de alejar la polaridad.

Y sólo tienes que cumplir la regla básica del Transurfing: permítete ser tú mismo, y al otro, permítele ser él mismo. *Hay que dejar fluir el mundo libremente. Aflojar las riendas.*

Cuanto más insistas en tus deseos y pretensiones, tanto más fuerte será el imán que atrae todo lo contrario. En realidad, ocurre lo siguiente: agarras el mundo por el cuello y éste se rebela intentando liberarse.

Es inútil presionar e insistir, ya que la situación se agrava todavía más. En lugar de esto, es necesario *cambiar conscientemente tu actitud hacia la situación en consonancia con la regla del Transurfing.*

Por ejemplo, intenta aunque sea sólo por un momento olvidarte de tus vecinos, deja de reprobarlos, imagínate simplemente que no existen. Dite a ti mismo: al diablo con ellos. Simplemente expúlsalos del estrato de tu mundo.

Tan pronto como puedas extraer esta ventosa de tu *actitud* hacia ellos, la polaridad desaparecerá y tus vecinos paulatinamente dejarán de molestarte. Y si, además, eres capaz de eliminar completamente las relaciones de dependencia, podría ocurrir algo impensable: esos personajes detestables se convertirán en tus mejores amigos.

## Todo sucede adrede

Se puede decir que la existencia de la «ley de Murphy» es en sí mismo algo raro, ¿no crees? ¿Por qué?, ¿cuál es la razón de que el mundo se comporte de manera tan ruin? ¿O esto son sólo conjeturas, prejuicios? Parece que no, la tendencia realmente existe y no se puede obviar en absoluto. Afortunadamente, el Transurfing no sólo descubre el motivo de tal ley, sino que explica cómo se puede evitar.

La regla del Transurfing actúa infaliblemente, librando de un cúmulo de problemas de origen incierto a quien la sigue. Sólo hay que soltar el amarre y dejar de «agarrar el mundo por el cuello» para que éste se vuelva acogedor y obediente.

Pero quien «no lo suelte» va a andar como un imán atrayendo hacia sí todo lo contrario. No obstante, la regla del infortunio no es todo. Tan pronto los contrarios se encuentran, su oposición provoca una mayor agudización.

La famosa ley de la *unidad y lucha de contrarios,* cuya esencia contiene en el mismo nombre, se ha convertido ya en un contenido «escolar». El Volga desemboca en el mar Caspio, el Misisipi en el golfo de México. Pero no todo es tan sencillo. Planteémonos una pregunta: ¿por qué actúa esta ley?

El motivo de la omnipresente unidad de los opuestos ya la explicamos: al chocar, las fuerzas equiponderantes restablecen por sí mismas el equilibrio. ¿Y por qué los contrarios se encuentran en lucha constante?

Parece que debiera ser al contrario: chocan, se anulan uno al otro y se tranquilizan. Pero no es así. Los opuestos van a «enfadarse» entre sí hasta pelearse. Y si no se separa a los «camorristas», esto continuará indefinidamente.

Para muestra un botón. Tú mismo bastante habitualmente puedes asegurar que el mundo te pone de los nervios. Claro que a cada uno en diferente grado y a su manera. En general, la esencia es la siguiente: *si en un momento determinado algo puede sacarte de tu equilibrio, esto sucederá no se sabe por qué, como a propósito.*

Sucede lo siguiente. Si estás alarmado, preocupado, deprimido, eso significa que tus nervios están tensos, aunque parcialmente. Y como si tuviera relación con ello, aparece un payaso y empieza a dar saltos y bufar. De tal forma que todavía te crispa más los nervios. Te indignas y el payaso salta enfervorecido.

Existen muchas formas de incrementar tu irritación. Por ejemplo, supongamos que tienes prisa por llegar a un sitio y temes llegar tarde. El payaso en este momento dando palmadas y frotándose las manos, exclama: «¡Venga, vamos!».

Desde este momento todo actúa en tu contra. La gente obstaculiza el camino andando como si fuera en procesión y no puedes adelantarlos de ningún modo. O quieres entrar en un sitio y delante de ti hay una cola de vagos que apenas arrastran los pies. En la calle con el coche se forma algo parecido. Todo es como si a propósito se hubiera confabulado en tu contra.

Por supuesto que algo se le puede atribuir a la percepción: cuando tienes prisa, *parece* como si todo el mundo alrededor aminorara el paso. Pero también existen claros indicios: el ascensor o el coche se estropean, el autobús se retrasa, en la calle se crea un atasco, aquí ya hay una objetividad malintencionada.

Se pueden citar otros ejemplos. Si estás preocupado y nervioso por algo, la gente a tu alrededor va a hacer lo que precisamente te irrita, y concretamente en el momento en que preferirías que te dejaran en paz.

Los niños empiezan a hacer gamberradas aunque hasta ese momento se hubieran comportado ejemplarmente. Alguien al lado se pone a comer chascando y a tragar haciendo ruido. Todo tipo de individuos te molestan y empiezan a incordiar con sus problemas. Por doquier importunan diferentes obstáculos. Si esperas a alguien con impaciencia, tardará en llegar. Si no quieres ver a nadie, sin duda alguien aparecerá. Y casos por el estilo.

Y esta presión exterior se hace cada vez más intensa a medida que la irritación se acrecienta.

Cuanto más fuerte es la tensión, tanto más intensamente se enfadan las personas que nos rodean. En esto hay algo curioso: estas personas no actúan premeditadamente. Ni siquiera se les ocurre que puedan molestar a alguien. Entonces, ¿cuál es la causa de tal comportamiento?

En la psicología del inconsciente hay muchas lagunas. Por muy extraño que parezca, en la mayoría de los casos la gente se mueve por motivos inconscientes. Pero lo más sorprendente es que *la fuerza motriz que conforma los motivos inconscientes se encuentra no dentro de la psique de la persona sino en el exterior de ella.*

De esta fuerza son las esencias invisibles pero formadoras reales de energía, que engendra la energía mental de los seres vivos, los llamados péndulos. Sobre los péndulos ya hemos hablado largo y tendido en el primer libro del Transurfing. Aparecen siempre allí donde se pueden aprovechar de la energía del conflicto.

Pero no hay que suponer que estas esencias son capaces de idear algo y ejecutar una intención consciente. Los péndulos son como las sanguijuelas, sienten la polaridad como una irregularidad en el campo energético e intentan adherirse. Pero esto no es tan malo.

*Lo peor es que los péndulos no sólo absorben la energía del conflicto, sino que de alguna manera también obligan a la gente a comportarse de tal forma que les haga generar incluso más energía.*

Hacen todo lo posible para que la energía se desborde. Los péndulos tiran de la gente de hilos invisibles y la gente se somete como marionetas. De qué modo los péndulos influyen en la motivación de la gente todavía no se sabe, pero lo que sí se puede decir es que lo hacen de manera muy eficaz.

El consciente de las personas es inaccesible para los péndulos, pero tampoco lo necesitan, les es suficiente con el inconsciente. Todo el mundo, por regla general, sueña despierto de alguna u otra manera. Hay muchas cosas que la persona hace de manera mecánica, relajadamente, sin fijarse: «En este momento no duermo y soy perfectamente consciente de lo que hago, para qué y por qué lo hago precisamente así».

La persona despliega un bajo nivel de conciencia cuando está en su casa o en medio de una multitud. En casa la necesidad de un fuerte autocontrol no es muy elevada y de ahí que la persona actúe relajadamente llegando incluso a un estado de somnolencia. En el exterior, pero en un círculo reducido de conocidos, por el contrario la conciencia es más activa y está preocupada por el autocontrol. En una confluencia grande de personas, las acciones de la persona se vuelven espontáneas, y además caen en una fuerte correlación con el impulso general de toda la masa.

Para demostrar el funcionamiento del péndulo, tomemos un ejemplo de lo más sencillo, el peatón que va delante de ti por la calle y al que después adelantas. Tan pronto te dispones a girar a la izquierda para adelantarle, él da un paso espontáneo hacia ese lado como para obstaculizarte el camino. Intentas pasarle por la derecha y él involuntariamente se vuelve hacia ese lado.

¿Qué es lo que hace que el peatón cambie de dirección? Si él a ti no te ve, entonces qué más le da si le quieres adelantar. ¿Puede ser que de alguna manera él sienta tu cercanía por la espalda e instintivamente no desea dejar pasar a un «rival»? Tal hipótesis parece ser aceptada y sin embargo no es así. En la naturaleza, si se habla de instintos, la rivalidad se manifiesta siempre en situaciones cuando los polos opuestos están cara a cara. El péndulo hace que la persona se aparte hacia un lado.

La persona al caminar no va pensando dónde poner los pies para moverse en línea recta. En este sentido, él está dormido, por eso la línea de sus pasos de vez en cuando oscila espontáneamente de un lado a otro. La motivación, es decir, la elección de la dirección, se encuentra en el inconsciente, que en ese momento no está controlado, lo que significa que está potencialmente abierto a la influencia del péndulo.

En ese momento te acercas e intentas sobrepasarlo. Esto provoca, en realidad, un conflicto, aunque insignificante. Con el objetivo de aumentar la energía del conflicto, el péndulo obliga al viandante a dar un pequeño paso hacia un lado para obstaculizar el camino y al mismo tiempo agravar la situación.

De igual forma, el péndulo no actúa deliberadamente, ya que no posee una intención consciente. Las fuerzas equiponderantes también realizan su labor inconscientemente. Subrayo una vez más: aquí se trata de procesos, cuyo mecanismo todavía no está claro, y no se trata de un comportamiento inteligente de seres denominados «péndulos». Sólo señalamos manifestaciones individuales y regularidades del mundo de la información energética.

No tiene sentido discutir qué hay detrás del péndulo en tal o cual situación, de dónde surgió, cómo consigue influir en nosotros y qué es lo que realmente sucede a nivel energético. De todas formas no seremos capaces de comprenderlo en su totalidad. Sólo una cosa importa: *si las fuerzas equiponderantes chocan, entonces los péndulos hacen todo lo posible para propagar la energía del conflicto. Así es la ley del péndulo.*

Las interminables batallas de los péndulos, ya sean disputas familiares o conflictos armados, actúan en correspondencia con esta ley. Si surge una oposición, los sucesivos conflictos o acontecimientos van a desarrollarse en dirección a una escalada conflictiva, no importa lo que ocurra, incluyendo reconciliaciones temporales.

El sentido común no tiene cabida cuando funciona la ley del péndulo. Precisamente por eso las acciones tanto de personas individuales como de estados enteros funcionan en el ámbito del sentido común. *En situaciones conflictivas, los motivos de la persona se encuentran en poder del péndulo.*

Es así como sientes el extraño efecto de que tus acciones pasadas parecen haber ocurrido como en un sueño: «¿Y dónde estaba mi capacidad de razonar? ¿Y por qué se me ocurrió actuar así?». Porque actuabas sin darte cuenta. Sólo posteriormente, cuando la conciencia ya no está sometida a la influencia externa, todo lo ocurrido se interpreta de manera adecuada.

Los amigos discuten y se distancian porque están convencidos de que sus caracteres son incompatibles. Pero también hubo momentos de felicidad, cuando todo era maravilloso. Y en un momento, sin que se sepa por qué, la persona cambia y empieza a comportarse de manera hostil. Esto no concuerda en absoluto con su comportamiento anterior. Esto te resulta familiar, ¿verdad?

En realidad, la cuestión aquí no es quién ha cambiado, si uno u otro. La persona actúa de manera inaccesible para el otro porque el péndulo le obliga a ello.

El péndulo dirige las motivaciones inconscientes que las personas trasmiten hacia otras. Y esta dirección está encaminada a aumentar la energía del conflicto. La persona no concibe que esto le *obligue* a la confrontación. Puede actuar de manera totalmente ilógica y no adecuada.

Tal efecto se observa de manera muy clara en delitos inexplicables por su grado de crueldad. Posteriormente, el inculpado ya en el banquillo de los acusados recuerda sus pasadas acciones con perplejidad: «Me ofusqué». Y no miente, es así realmente. Para el propio delincuente, esto es algo totalmente inesperado, él interpreta lo ocurrido como una pesadilla.

El sueño se hace especialmente profundo si la atención recae en el *nudo de la captura.* En comunidades especiales, como, por ejemplo, en el ejército, en un grupo o en una secta, se crea un ambiente con estereotipos especiales de comportamiento y pensamiento para el grupo o la red. Esto «adormece» y el subconsciente se abre totalmente para la acción vampirizante por parte del péndulo. Y entonces ocurren cosas, que si las mira uno desde fuera, parecen totalmente incomprensibles.

¿Por qué la gente mata con tal encarnizamiento a sus semejantes sólo por el hecho de adorar a otros dioses? ¿A quién le molesta? La gente sufre privaciones en las guerras y muere a decenas, centenares de miles y millones ¿Dónde está el instinto de supervivencia? La lucha por la riqueza y el territorio todavía se puede entender. ¿Pero cómo explicar la lucha por las creencias?

La idea de la paz nos es familiar a todos. Pero las guerras no cesan. La idea de un único Dios es evidente. Hay otras ideas como la del bien, de la justicia, de la igualdad... Todo el mundo lo reconoce, pero el sentido común no se aplica y triunfa el mal. ¿Pero de dónde sale este mal?

Los péndulos son las fuentes universales del mal. Sólo hay que observar un poco e inmediatamente se ve que en el caso en que dos fuerzas contrarias actúen, todo lleva al aumento de la energía del conflicto. La lucha, si cesa, es sólo momentáneamente, para después resurgir con nueva fuerza.

Por supuesto que los péndulos no son todos iguales y su destructividad varía en diferente grado. Muchos de ellos son totalmente inofensivos.

El péndulo del Transurfing, por ejemplo, es necesario para que el mayor número de gente reflexione sobre lo que ocurre en la realidad.

No se trata de librarse totalmente de todos los péndulos, es poco probable que pueda hacerse. Lo fundamental es no convertirse en una marioneta y actuar conscientemente para utilizar estas estructuras para nuestros intereses. ¿Pero cómo librarse de esta influencia?

*Despertarse y reconocer de qué forma el péndulo intenta manipularnos. Entender lo que ocurre es tener resuelto ya la mitad del problema. La fuerza del péndulo es inversamente proporcional a la conciencia.* El péndulo tiene influencia sobre ti, mientras duermes despierto.

Ante todo, no vale la pena tomar parte en las batallas destructivas de los péndulos si no te afectan personalmente. Cuando te encuentras en medio de una multitud, es necesario apartarse de la escena de la acción a la sala de espectadores, echar un vistazo alrededor y despertarse: «¿Qué hago yo aquí?, ¿soy consciente de lo que está ocurriendo?, ¿para qué necesito esto?».

El despertar del sueño a la realidad debe ser absolutamente nítido, como se explicó más arriba. *«En este momento no duermo y soy perfectamente consciente de lo que hago, para qué y por qué lo hago precisamente así».* Si te das cuenta de esto, todo irá bien. Si no, esto conlleva convertirse en una marioneta en cualquier situación conflictiva por muy pequeña que sea.

La cuestión es más difícil cuando hay algo que te molesta. En ese caso, el payaso va a saltar mientras se mantenga la tensión nerviosa. Esto significa generalmente que el péndulo ha atrapado tu atención en el nudo de la captura. *Para librarse del péndulo, hay que adoptar una actitud indiferente.* Pero hacerlo no es fácil.

Así, por ejemplo, los vecinos te molestan con su música, que a ti no le gusta lo más mínimo. Tu tarea consiste en «desencadenarte» por cualquier medio del péndulo. Pero obligarte a reaccionar es prácticamente imposible. *Dejarse llevar por las emociones es inútil.* En lugar de esto hay que prestar atención a cualquier otra cosa. Intenta escuchar tu música, eso sí, no a mucho volumen, sólo para amortiguar la del vecino. Inventa otros medios de distraerte. Si consigues ocupar tus pensamientos con algo, tus vecinos poco a poco se apaciguarán.

Igualmente ocurre en los demás casos. Si «el payaso salta» significa que tu atención ha sido atrapada en el nudo de la captura. Te arrastran a participar en el juego del péndulo, cuyo objetivo es incrementar la energía del conflicto. *Para librarse del nudo, es necesario desviar la atención.*

En general, no es todo tan malo como pueda parecer. No se saldrá «con la suya» si dejas de dormir despierto. Aunque se puede pensar que todo lo dicho hasta ahora es una auténtica tontería. Por supuesto que no es muy habitual acostumbrarse a la idea de que ciertos entes pueden dominarnos. Aceptarlo o no es una elección personal. Y no tienes que creer. Observa y llega a una conclusión por ti mismo.

## La regla del péndulo

En nuestro mundo casi a cada paso uno se encuentra con información directa o indirecta referente a las relaciones sexuales. En el modelo del Transurfing, dicho tema, como muchos otros, se trata desde una perspectiva novedosa. El sexo juega un papel significativo en la vida de las personas, queramos reconocerlo o no. Más exactamente no el sexo en sí, sino la *actitud* hacia él. No importa si la persona tiene una vida sexual activa o no, de vez en cuando en su mente surgirán destellos manifestando su *actitud* hacia el sexo.

Se puede decir que en este campo no puede haber una posición neutral; la naturaleza humana se manifiesta de una u otra manera. Para unos, la actitud se manifiesta en forma de desagrado, irritación, burla o repulsión. Para otros se convierte en intención. Y si la intención no se lleva a cabo o se fracasa en el intento, entonces en la psique humana aparecen todos los posibles complejos, o se manifiesta, en términos del Transurfing, en diapositivas negativas.

Se puede constatar que la cuestión del sexo preocupa de una u otra manera, si no a todos, sí a muchos. Y muchas personas en este ámbito tienen los más variados complejos. Un papel importante lo juegan aquí los péndulos, ya que intentan hacerte creer por todos los medios que eres imperfecto y que tienes problemas. No te puedes imaginar hasta qué punto no estás solo en esta creencia.

Uno se equivoca por completo al pensar que en su vida íntima algo no funciona y que todo va bien en la vida de los demás. Esto no es más que una ilusión artificialmente creada por los péndulos con la ayuda de los medios de comunicación. Observa que siempre que se toca el tema del sexo te pondrán de ejemplo a personas a las que en teoría todo les va bien.

Así, por ejemplo, si cogemos un estadio abarrotado de gente y sacamos de allí a las personas a las cuales «algo no les va bien», quedarán sólo los que se cuentan con los dedos de una mano. Intenta imaginarte en el medio de un enorme estadio abarrotado de gente que, de repente, se ha quedado vacío y se pone a mirar alrededor en busca de los «normales» que se han quedado. Ésas son las proporciones.

Así, aunque tus amigos que presumen de sus éxitos no exageren, puedes estar seguro de que ellos también tienen problemas, que ocultan celosamente a los demás y a sí mismos.

No vamos a referirnos a Freud. Desde luego, él no se podía imaginar la importancia que ha alcanzado la «sexomanía» en nuestra sociedad. Propongo simplemente plantearnos una cuestión: ¿por qué alrededor de una función totalmente natural surgen tantos problemas?

La respuesta a esta pregunta la encontramos en un plano totalmente diferente que está conectado de alguna manera con el fenómeno conocido como *«flash-mob»*, que a continuación explico en qué consiste.

Imagínate una calle concurrida o una plaza en un día soleado y, de repente, sin más, varias decenas o cientos de personas sacan sus paraguas, los abren y hacen como si estuviera lloviendo. Los transeúntes «normales» se quedan perplejos y «la gente de la lluvia» se muere de risa.

Una broma tan hilarante se organiza muy fácilmente. Un grupo de gente, incluso desconocidos entre sí, acuerda a través de Internet quedar en un sitio concreto a una hora determinada con la consigna de realizar una acción absurda.

¿Qué ocurre durante la acción? Como sabes, cuando un grupo de personas empieza a pensar en una misma dirección se crea un péndulo. El grupo-flash piensa: «Mirad, llevamos paraguas». Los demás transeúntes se quedan boquiabiertos, anonadados: «¿Quiénes son éstos?».

Una emisión mental homogénea de un grupo de personas crea una resonancia cuya energía es absorbida por el péndulo.

El péndulo-flash es efímero, brilla y se apaga y todo esto sin provocar daño a nadie. Este inofensivo ejemplo nos muestra cómo nacen y actúan los péndulos más destructivos y duraderos.

¿Qué es necesario para obligar a la gente a emitir energía en una dirección? Hay que determinar un patrón de comportamiento y pensamiento, establecer una regla. Claro que las normas las crean las mismas personas y no los péndulos. Los péndulos son incapaces de realizar una intención consciente. Surgen espontáneamente. Pero los produce una regla. La regla del péndulo es una de las peores y más dañinas de las creadas por la humanidad. Y estipula lo siguiente: «¡Haz como yo!».

Cualquier comportamiento y pensamiento estereotipado se reduce en general al seguir la regla del péndulo. Si observas a tu alrededor percibirás que esta regla actúa a cada paso. Por supuesto, que no siempre resulta perjudicial. Por ejemplo, los aficionados en un estadio al hacer la ola producen un péndulo-flash que se alimenta de la energía de la resonancia pero no produce daño a nadie.

En un auditorio, el péndulo absorbe totalmente la energía de los espectadores. Esto no acarrea ningún daño. Pero observemos cómo se comportan frecuentemente los artistas. Intentan con todas sus fuerzas incitar al público usando la regla del péndulo: «¡Venga, todos, levantemos las manos! ¡Y ahora todos juntos!». Los espectadores aplauden obedientemente, y esta energía, insignificante para una sola persona, se convierte en resonancia, creando un monstruo invisible que revolotea sobre la sala.

Si el péndulo no absorbiera esta energía, el artista echaría literalmente a volar. Pero en realidad el artista recibe de ello insignificantes migajas, todo lo demás lo recoge el péndulo. El monstruo continúa viviendo hasta que la gente obedece a la regla del «¡Haz como yo!».

¿Y qué se desprende de todo esto? ¿Acaso ha ocurrido algo malo? En realidad, los péndulos-flash son inofensivos. ¿Pero qué relación tiene esto con el sexo? No te lo puedes ni imaginar.

Empezamos hablando de sexo y después hemos pasado a hablar del *flash-mob*. Pero ¿qué tienen en común estos dos temas? Quizás pienses que lo que tienen en común sea algo relacionado con la energía. Realmente, cuando se realiza el acto sexual surge el péndulo-flash que absorbe la energía de la resonancia. Ya desde antiguamente, la gente sospechaba, o quizás incluso conocía, la existencia de algún ente acechando sobre «la escena».

Tal ente, que en el marco del modelo del Transurfing lo llamamos péndulo-flash, en diferentes culturas se asocia habitualmente con determinados símbolos decorativos. Por ejemplo, «Satanás se divierte». Y algunos adeptos al ocultismo están firmemente convencidos de que durante el acto sexual se emite una energía que atrae a los diferentes representantes del mundo etéreo, los cuales acuden volando e inician su orgía diabólica.

Por mucho que te hayan contado, nada de esto debe preocuparte, puesto que el péndulo-flash no provoca ningún daño. Sólo se alimenta de la energía que tú despilfarras, nada más. Pero ésta no es la esencia del problema, sino que lo que relaciona el sexo en su forma actual con un péndulo es la regla del péndulo: «¡Haz como yo!».

Con el desarrollo de los medios digitales de comunicación de masas, la regla del péndulo ha adquirido una hegemonía indiscutible. La psique de la persona está sometida constantemente a un proceso imperceptible pero muy eficaz con la introducción de comportamientos y pensamientos estereotipados. Yo utilizaría la palabra «vampirización» con reservas, pero parece que, en esencia, es hacia donde vamos.

La actual industria de la información y el espectáculo está basada en un simple principio: observa como actúan quienes han tenido éxito e imítalos, toma ejemplo de ellos. Todo lo que esta industria pretende demostrarte es el paradigma del éxito. Tú lo entiendes perfectamente aunque no hayas reflexionado sobre la influencia enorme de esta propaganda, influencia a veces evidente pero que, en la mayor parte de los casos, actúa sutil y paulatinamente.

En particular, esto afecta a todo lo relacionado con las relaciones íntimas, puesto que en este ámbito han arraigado sólidamente estereotipos de *lo que debe ser*. Toda la producción escrita y audiovisual relacionada con este tema presenta unas relaciones que, como es comprensible, satisfacen los estándares.

No pienses que me refiero a una confabulación o a una propaganda intencionada. En realidad, nadie se pone como objetivo inculcar patrones de comportamiento. Todo ocurre por sí solo. Lo que pasa es que en la mente de una persona siempre surgen dudas: «¿Estoy actuando de manera adecuada?». Siempre existe la necesidad de compararse ya que el éxito es algo relativo. Por eso, cuando alguien ve un éxito ajeno, es natural que se decante por tomarlo como modelo a seguir.

Las relaciones íntimas, y en particular el sexo, tienen lugar en un ámbito reducido y limitado. De ahí que crezca la necesidad de corroborar que «todo está en orden». Y si la persona no tiene o, incluso más, no ha tenido pareja, entonces empieza febrilmente a buscar un modelo. Y los medios de comunicación satisfacen, sin duda, esta necesidad de la gente al concederle un amplio abanico de todos los posibles modelos para una vasta audiencia.

De esta forma, se establecen estereotipos comúnmente aceptados tales como, cómo hay que hacer esto, qué imagen dar, etc., del estilo «él es un tipo muy macho», «ella es sexy y ardiente». Observadlos y actuad como ellos. Y si no te adecúas a estos estándares significa que tienes algo raro.

Es difícil imaginarse la gran destructividad de esta regla. Probablemente pienses que exagero injustificadamente la importancia de este problema cuando afirmo que la regla del péndulo es la más destructiva y perjudicial de todas las creadas por la humanidad. En absoluto, soy bastante moderado

La cantidad de parejas rotas es inmensa. El número de parejas felices no constituidas es, probablemente, mayor. El principal motivo de la ruptura es, en último término, la insatisfacción sexual.

La insatisfacción surge como consecuencia de que dos siguen la regla del péndulo. Saben que en correspondencia con los estándares es necesario hacer una u otra cosa. La regla del péndulo dice: «¡Haz como yo!» y eso significa *«cambia, traiciónate»*. La persona intenta sintonizar con los estándares establecidos y lo que obtiene como resultado es malestar e insatisfacción.

El principal error de alguien que tiene problemas con el sexo es que *interpreta un papel*. Todo es muy sencillo. La persona elige entre multitud de modelos uno, el que le es más adecuado, y elige otro modelo para su pareja. Posteriormente, él se apropia de ese papel y empieza a interpretarlo al mismo tiempo que proyecta sus expectativas en su pareja. Y lo más sorprendente es que actúa según el principio del Transurfing, distanciado, como un espectador activo, puesto que constantemente se compara a sí mismo y a su pareja con el modelo para comprobar si todo va como debe.

Pero realmente nada funciona porque la naturaleza del sexo es tal que requiere relajación, libertad y entrega. El sexo es la única situación en la que como juego es necesario involucrarse con la mente y además sin ningún papel. *El sexo normal y natural es un juego en el que las reglas las estableces tú mismo, sin considerar lo que hacen otros o lo que en teoría se debe hacer.*

Por otra parte, desconcierta la confusión de dos conceptos diferentes: amor y sexo. A veces resulta repulsivo oír la mojigata expresión «hacer el amor». ¿No es más fácil llamar a las cosas por su nombre? El sexo no es amor y el amor no es sexo. ¿Y acaso son dos cosas incompatibles? Son compatibles, pero una vez más repito: *el amor no es sexo y el sexo no es amor.*

Se pueden tanto compaginar como separar. Pero la regla del péndulo impide hacerlo *de manera natural*. No me equivoco si digo que los fracasos en el ámbito sexual tienen su explicación en que la gente, siguiendo la regla del péndulo, intenta artificialmente unir amor y sexo. De ello resulta un híbrido absurdo.

En realidad, todo es mucho más sencillo si nos olvidamos de reglas y estándares. Imagínate una escala con el cero en el medio, donde a la izquierda está la graduación de las *caricias* y a la derecha la de la *agresividad*. Así, si la aguja se inclina hacia la izquierda predomina el amor, y si va hacia la derecha, el sexo. El sexo, por muchas vueltas que le demos, es mucho más agresividad que caricias, nos guste o no esta idea.

Pero mucha gente siente pudor o se asusta cuando se despiertan estos instintos «diabólicos». Piensan que es algo antinatural. En realidad, dos personas normales se encuentran y al principio se comportan como de costumbre, y después surge un brillo depredador en sus ojos, y empiezan a hacer cosas que no están dentro de los límites... ¿De los límites de qué?

Es aquí cuando entra en acción la regla del péndulo. Por un lado, existen unos límites de la decencia socialmente admitidos que no siempre es conveniente infringir. Por otro lado, al estar dentro de los límites, recibir placer del sexo no es posible. Pero la gente desea las dos cosas.

Y para sintonizar con los estándares, la gente empieza a desempeñar sus papeles. Temiendo el despertar de sus instintos animales, disfrazan el sexo con unos rituales establecidos y necesarios según ellos. Esto, a su vez, provoca una cierta esclavitud. Habría que soltar las riendas pero la regla del péndulo no lo permite. Y al revés. Si la aguja se inclina hacia el lado de la agresividad, entonces surge la necesidad de confirmación: «¿Me quieres?».

En la escena siempre están presentes dos espectadores actuando, y como dos marionetas penden del hilo del control al cual ellos mismos se han enganchado. ¿Y qué hacen? Pues *intentan con todas sus fuerzas mover la aguja bien hacia un lado, bien hacia otro*. Y lo que se necesita sólo es obviar la regla del péndulo y soltar la aguja para que se mueva libremente en correspondencia con los sentimientos del alma y no con las ideas de la razón.

Alguien puede objetar que así es fácil degradarse hasta un nivel animal. Y aquí de nuevo entra en funcionamiento la regla del péndulo. ¿Quién ha establecido el límite de dónde termina lo «humano» y empieza lo animal? Y el tema no es sólo de límites, sino que uno debe determinar para sí mismo sus reglas y no seguir las ajenas. Tú como persona tienes derecho a establecer tus criterios de lo humano y de tu decencia.

Espero que entiendas que yo escribo esto para personas que tienen problemas relacionados con el sexo, especialmente para aquellos que se aman. Lo que se debe hacer para eliminar el problema es soltar la aguja conscientemente, tan conscientemente como se mantiene el control bajo la vigilancia de la regla del péndulo.

Hay una categoría de personas que no experimentan dificultades en relación al sexo. En realidad, muchos problemas desaparecen si llamamos a las cosas por su nombre, sin confundir conceptos, y lo más importante, si hablamos sinceramente con nuestra pareja. La vida inmediatamente se torna más sencilla si uno es abierto. Puedes estar seguro de que tu pareja también tiene bastantes deseos sin confesar. Ante esto pueden surgir situaciones cuando uno quiere algo que el otro no acepta. ¿Qué hacer en tales situaciones?

En primer lugar, es necesario siempre recordar el primer principio del Freiling: *desiste de la intención de recibir y sustitúyela por la intención de dar, y de esa manera recibirás eso a lo que has renunciado*. Este magnífico principio funciona implacablemente, con la particularidad de que tú no siempre entiendes de qué manera actúa.

En segundo lugar, es necesario, no obstante, renunciar totalmente a la regla del péndulo y sustituirla por la regla del Transurfing, y la regla estipula lo siguiente: *permítete ser tú mismo, y al otro permítele ser él mismo*.

Como puedes comprender, para obtener satisfacción en las relaciones sexuales es necesario sentirse libre, desinhibido. La persona no puede sentirse libre si tiene un potencial excesivo de complejos como puede ser el de inferioridad. Por mucho que intente relajarse, las fuerzas equiponderantes no se lo permitirán.

Pero la mayor parte de la tensión surge no tanto como consecuencia de los potenciales excesivos, sino como resultado de las relaciones de dependencia. La intención interior de las personas está a menudo más dirigida a recibir que a dar. Además habitualmente proyectamos sobre nuestra pareja unas determinadas expectativas del papel que tienen que desempeñar. No se le permite al otro ser él mismo.

Además, como se sabe, las relaciones de dependencia producen polarización que es provocada por una corriente de fuerzas equiponderantes y que lo estropean todo. La regla del Transurfing instantáneamente anula la polarización creada por las relaciones de dependencia. De esa manera, aunque resulte difícil librarse de los complejos, es suficiente con seguir la regla de Transurfing y la tensión se reduce considerablemente.

Permitirse ser uno mismo significa aceptarse con todos nuestras imperfecciones. Permitir al otro ser él mismo significa dejar de proyectar sobre él las expectativas de uno mismo. Como resultado, la situación en la que uno quiere algo que el otro no acepta se soluciona por sí misma de la manera más insospechada.

Repito una vez más que lo que se necesita es *rechazar la regla del péndulo, sustituirla por la regla del Transurfing y dirigir la intención en correspondencia con el primer principio del Freiling*. Si eso se hace con la pareja no habrá más problemas. Las detalladas disquisiciones sobre por qué esto funciona así se las dejamos a los psicólogos. Simplemente funciona y ya está.

Pero hablando en líneas generales, ¿para qué un péndulo necesita una regla? En el caso de los péndulos-flash es evidente, puesto que se alimentan de la energía de la resonancia, por eso necesitan la sincronía de la acción. Pero, y los otros péndulos, péndulos duraderos para los que no es necesario que sus adeptos actúen al unísono, ¿en qué se apoyan?

En primer lugar, la regla del péndulo establece las normas de comportamiento y la forma de pensar, es decir, el estándar de la «normalidad». La gente no entiende que lo que se le propone es un sustituto, un sucedáneo del éxito. El éxito ajeno no puede servir como ejemplo, como modelo de imitación. El verdadero éxito lo logran sólo aquellos que se atreven a infringir la regla y seguir su camino.

*Al querer seguir los pasos ajenos, la persona está inexorablemente condenada a perseguir el sol de poniente. Los estándares del éxito son un espejismo, pero la gente no sabe o no desea saber que la regla del péndulo lo mantiene en una telaraña de ilusiones. La ilusión es a menudo más dulce, cómoda y comprensible que la desconocida realidad.*

La persona siente desasosiego emocional cuando tiene que enfrentarse a algo que no entra dentro de los estándares establecidos. Le angustia el miedo al fracaso, percibe su inferioridad, se siente solo en este mundo hostil.

¿Qué puede hacer? Una de las alternativas sería la repulsa. Puede pertrecharse tras una pared de rechazo con respecto a los modelos que le resultan inaccesibles o puede seguir su carrera persecutoria tras el modelo. Al seguir la regla del péndulo, la persona intenta cambiar y encierra su alma en el compartimento de lo condicional. Esto sólo produce insatisfacción, lo que lleva a intentar cambiar de nuevo.

De esta manera, cuando la persona se lanza a la persecución del modelo lo que hace es emitir energía de insatisfacción y frustración. No puede ser de otra manera. De la misma forma que un burro da vueltas sobre sí mismo tras una zanahoria colgada en un cordel, los péndulos destructores se alimentan precisamente de esta energía que proponen modelos de éxito ajeno.

Pero la pared de rechazo no exige menos gasto de energía. No es nada fácil mantener alrededor de uno un campo defensivo, cuando por todas partes y a cada paso te inculcan reglas que no estás en condiciones de acatar.

No obstante, hay salida en este laberinto. Lo que hay que hacer es *rechazar la regla del péndulo y seguir el camino propio*. Quien actúa de esta forma adquiere una cualidad extraordinaria, cuya percepción le deja literalmente sin respiración. Esta cualidad es la *libertad interior.* Y este tipo de personas existe.

Veamos, por ejemplo, la carta de una mujer que está a punto de conquistar esta libertad:

«Tengo casi treinta años y todavía no he tenido relaciones sexuales. Los sexólogos dicen que es una grave anomalía. No entiendo por qué. Yo siempre he creído que en ninguna parte está escrito que fuera necesario acostarse con alguien antes de los veinticinco años y que la virginidad sea motivo de castigo moral. Yo soy una persona atractiva, y ocasiones para tener relaciones no me han faltado. Pero no me apetece. No es una cuestión fisiológica, simplemente no he encontrado todavía al hombre con el que quiera acostarme.

Pero últimamente y cada vez más a menudo tengo la impresión de que esto es una carga para mí. Porque todos se entregan al amor carnal y yo no. Eso es lo aceptado y yo no sigo esa regla. Nunca me he considerado una esclava de los estereotipos sociales, pero precisamente ahora este aspecto está empezando a incomodarme.

A veces me siento simplemente un bicho raro. Aunque la soledad no afecta, en absoluto, a mi autoestima, yo conscientemente no quiero tener relaciones si no siento algo especial por la persona. ¿Representa, no obstante, mi caso una desviación, un trastorno?».

He señalado más arriba que esta mujer está a punto de conquistar su libertad porque el temor «a no ser como los demás», no obstante, existe. Pero lo que es evidente es que esta mujer tiene fuerza interior e independencia, lo que no es poco. Y desde luego, no hay ninguna desviación o anomalía. Simplemente es necesario no temer a «no ser como todos» sino disfrutar de esto y, no hay que excederse. Quizás sería aconsejable reducir las demandas y ser menos exigente.

Parece que lo único que se hace, a juzgar por la cantidad de información que nos invade, es practicar sexo. En realidad, esto es una ilusión. No todo el mundo, ni mucho menos, lleva en su relación «un estilo de vida activo», y muchos ni siquiera tienen pareja. Pero el miedo a la soledad y el temor a no ser como todos nos hace creer en la ilusión.

Tomemos el ejemplo de la ciudad de París, que con su espíritu de libertad y desenfado se ha ganado fama de ser la «ciudad de los corazones solitarios».

Todos los días desde por la mañana temprano, la gente sale a la calle para relacionarse en las numerosas cafeterías. ¿Cuál es la razón para ello, ya que un café también se puede tomar en casa? La razón es que se les cae la casa encima.

Puede parecer que los péndulos intentan esclavizar a la sociedad con su regla. Realmente la esclavizan, pero no son los péndulos los que establecen esta regla. *Existen gracias a ella.* La regla genera el péndulo y, a partir de esto, el péndulo empieza a hacer de las suyas.

La esencia de la destructividad del péndulo está en que desvía a la persona del camino en el que podría encontrar la verdadera felicidad.

Imagínate una calle muy concurrida en la que cada uno va a lo suyo. De repente, aparece gente vestida de negro, los empujan a la fuerza hasta formar una fila y los obligan a desfilar. Alguien intenta salir de la fila, pero inmediatamente lo devuelven a ella de una manera brusca: «Alto. ¿A dónde vas? Regresa a la fila».

Películas como *Matrix* no son una casualidad. La ciencia ficción con el tiempo tiende a hacerse realidad. Y esta tendencia se acelera. Si te fijas, la brecha entre la ciencia ficción y la materialización real cada vez se acorta más. Por supuesto que la gente no se sentará en matraces con ventosas pegadas al cuerpo, pero la analogía es bastante certera.

A todo el mundo le parece que una fila es un tipo de realidad. Realmente, la necesidad de estar en la fila es una ilusión. La verdadera realidad es cuando se puede salir de la fila y seguir el propio camino. Pero reconocerlo no es tan sencillo. Las personas están tan acostumbradas a vivir de sus ilusiones que hay que darles una buena sacudida, o como dice Carlos Castaneda, «desplazar el punto de ensamblaje» para que comprendan dónde está la realidad y dónde la ilusión.

Las personas discapacitadas se encuentran en una situación sin elección. Están obligados a sufrir toda su vida y atormentarse por su incapacidad o simplemente ignorar la regla del péndulo. Si la persona entiende que no tiene nada que perder dejará de perseguir el modelo y empezará a vivir para su propio deleite.

Los jugadores de baloncesto discapacitados en sus sillas de ruedas son cien mil veces más felices que los sanos adolescentes que imitan el juego de Michael Jordan. Estos últimos parecen mucho menos naturales que los discapacitados porque se encuentran en la fila. Y ninguno de ellos se convertirá en un nuevo Michael Jordan mientras no se de cuenta de que *es necesario desmarcarse de la fila.*

Quienes infringen la regla del péndulo se convierten en líderes o en renegados. Unos se hacen estrellas, otros marginados. La diferencia entre unos y otros es que los primeros están convencidos de que tienen pleno derecho a infringir la regla del péndulo mientras que los segundos dudan de ello.

Las estrellas se hacen independientes, pero los péndulos son los que las iluminan. *Quien sale de la fila crea un nuevo modelo de éxito.* Los péndulos no soportan la individualidad y si ven una estrella naciente lo único que pueden hacer es convertirla en su favorita. Entonces se establece una nueva norma, la fila se da la vuelta y empieza a seguir a la nueva estrella. ¿Entiendes qué ocurre?

Pero para salir de la fila hay que saber cómo hacerlo. Si te enfrentas a la gente de negro saldrás derrotado. En la lucha con los péndulos siempre saldrás perdiendo.

El secreto de todo esto es que de la fila se puede salir sin luchar. Se puede simplemente salir y sonriendo tranquilamente, despedirse de la gente de negro saludando con la mano y luego seguir el camino. Se esforzarán al máximo para hacerte entrar en la fila pero no lo conseguirán si tú rechazas el enfrentamiento con ellos.

Pero para entender esta sencilla verdad es necesario reexaminar a fondo nuestra visión del mundo. En nuestro mundo actual muchas cosas están patas arriba. El Transurfing, en este sentido, pone todo en su lugar y ayuda a rechazar la regla del péndulo.

Probablemente, a mucha gente pueda no gustarle la idea de hallarse encorsetados en una matriz. Para el que prefiera seguir dormido, el Transurfing no es necesario. *Recibimos lo que elegimos.* La ilusión es también una elección, y quien la elige, si le gusta, también tiene derecho a hacerlo.

Yo no impongo nada y no pretendo demostrar mis ideas. Tú puedes comprobarlo todo por ti mismo. Simplemente, paso a tu lado y te digo:

—Eh, ¿sabes que existe el Reality Transurfing?

—¿Sí?

—Así es. Yo voy a seguirlo y tú haz lo que quieras.

Eso es todo.

## Estabilización de la estructura

En correspondencia con su ley, el péndulo hace todo lo posible para aumentar la energía en el conflicto surgido. Las luchas de donde los péndulos extraen su energía actúan sin cesar. Pero todos estos conflictos surgen, como norma general, entre dos o más fuerzas enfrentadas. Ejemplos de ello son las guerras, revoluciones, competencia comercial y otros tipos de oposición.

Sin embargo, una característica de cualquier péndulo –además de la agresividad con sus adversarios– es la tendencia a conservar y consolidar la estructura gracias a la cual es posible su existencia.

La entidad de información energética se forma y desarrolla simultáneamente junto con la aparición de una estructura regulada, creada por los representantes de la naturaleza. La existencia del péndulo depende totalmente de lo estable que sea la estructura creada. Por eso *el péndulo hará todo lo posible para estabilizarla*. Ésta es la segunda ley del péndulo.

Para ilustrarlo tomemos un ejemplo muy sencillo: un banco de peces. El banco actúa como un organismo único. Si se asusta a uno de los alevines de un extremo, todos los peces giran al unísono y escapan hacia el otro lado. ¿De dónde surge esta sincronía?

Si se supone que cada pez reacciona al movimiento de su vecino, entonces la agitación debería trasmitirse en cadena. Sin embargo, sin importar a la velocidad a la que se trasmita la señal, debe haber un cierto asincronismo, pero lo curioso es que no se da ese asincronismo. El banco puede alcanzar un tamaño bastante considerable y esto no cambia la situación, se observa la misma sincronía.

De igual forma actúan los pájaros. Si has tenido la ocasión de ver alguna vez una gran bandada compuesta por rápidos y pequeños pájaros, tuviste que advertir que su constante aleteo de un lado para otro se caracteriza por una sorprendente coordinación.

¿Es posible aquí la acción de algún mecanismo, tal como, por ejemplo, un contacto telepático? Realmente es muy poco probable. Si en un depósito de agua en el que no hay un banco de peces, un pez se asusta, a otro que se encuentre a un metro de él no le afectará. Por lo que tampoco hay ningún intercambio telepático. La señal se trasmite sólo dentro del banco que es en esencia la estructura más sencilla. ¿Y es posible que esta señal no se trasmita de ninguna forma?

Tomemos el ejemplo de una estructura más compleja: un hormiguero. La ciencia no puede dar una respuesta convincente de cómo funciona una colonia de hormigas. Es sorprendente, ya que *en un hormiguero hay una precisa distribución de responsabilidades, pero no hay jerarquía.* ¿Por qué estos insectos actúan coordinadamente como una organización de dirección centralizada?

Las hormigas se relacionan entre sí por medio de la secreción de feromonas, unas sustancias olfativas. Los rastros de olor permiten encontrar el camino a casa y el alimento. Pero, ¿cómo se trasmite simultáneamente la información a todos los miembros de la colonia? No se puede hablar de ningún tipo superior de intercambio de información entre hormigas, si no ¿para qué usan un conjunto primitivo de datos como son los olores?

Entonces, ¿qué es lo que une en una colonia organizada a miembros aislados? *El péndulo.* Junto con la formación y desarrollo de la estructura se forma la entidad de información energética que asume la función de control y estabilización de esta estructura. Hay relaciones directas y de retroalimentación entre el péndulo y los elementos de la estructura. El péndulo existe gracias a la energía de sus partidarios y sincroniza su actividad uniéndolos en una comunidad organizada.

Desde fuera puede parecer que de alguna manera la estructura se organiza por sí misma, pero no es el caso. Sólo se puede hablar de autoorganización en el reino mineral donde las leyes de la física actúan como elemento de control. Por ejemplo, las moléculas líquidas en proceso de cristalización se alinean en una red cristalina cuya estructura está determinada por la forma de estas moléculas y por las fuerzas que interactúan.

Para que organismos vivos se unan en una estructura se necesita la existencia de un factor exterior de organización. Y el péndulo es precisamente este factor. No se sabe todavía cómo actúa. Según todas las evidencias, existe un intercambio determinado de información energética entre esta entidad y un organismo vivo.

El péndulo, como superestructura de control, se puede encontrar en cualquier otra estructura que una organismos vivos. Sin embargo, no se puede considerar que el péndulo realice un control inteligente, puesto que no posee intención consciente. La conciencia de una entidad de información energética es como un algoritmo. Un péndulo no ejecuta sus planes como un ser inteligente, sino que dirige la estructura exactamente igual a como lo hace un programa con el trabajo de un dispositivo automático.

El grado de automatismo en las acciones de la estructura depende del nivel de su conciencia. Cuanto más primitivo sea el organismo, menos noción tendrá de sus motivos y acciones. Si el ser vive aislado, sus acciones están determinadas por un programa interno, una serie de instintos. Pero cuando los seres viven en grupos, entonces es un programa externo, un péndulo, el que empieza a controlar el comportamiento de la comunidad.

La agresividad del mundo donde unos se devoran a otros se desarrolló como consecuencia de la primera ley del péndulo. La agresividad, siendo producto de los péndulos, no es una característica intrínseca de la naturaleza animada y esta idea tiene su confirmación en alejados rincones del planeta. Por ejemplo, en Nueva Zelanda prácticamente no hay depredadores.

Muchos habitantes del planeta tienen que crear grupos para sobrevivir en un entorno seguro. Los péndulos obligan a los seres vivos a formar parte de la estructura según el principio de «Y, tú, polluelo, ¿quieres vivir? Entonces, haz como yo».

La gente también tiene tendencia a reunirse en grupos en función de sus intereses. Esto se explica porque en esos grupos es más fácil relacionarse. Quizás pueda parecer extraño el hecho de que mucha gente presente dificultades significativas en la comunicación con los demás. A pesar de la aparente facilidad para las relaciones interpersonales, estas personas, por una serie de motivos, se encuentran tensas. Para establecer un contacto más estrecho, la gente instintivamente trata de encontrar algo en común que pueda unirlos de alguna u otra manera. Y es en este momento cuando se manifiesta la función estabilizadora de los péndulos. Los interlocutores, al balancearse en el mismo péndulo, «se sintonizan en la misma onda» y encuentran sin dificultad puntos de encuentro. Por eso resulta más fácil relacionarse cuando juntos podemos fumar, beber, sentarnos a la mesa un día de fiesta, ir de excursión, jugar, etc.

Pero quizás la mayor ilustración de la segunda ley del péndulo sea el surgimiento de la civilización. ¿Nunca te has detenido a reflexionar por qué aparecieron las ciudades?, ¿por qué el ser humano vivió cientos de miles de años en aldeas y campamentos nómadas y luego, repentinamente, empezó a construir grandes asentamientos civilizados? ¿Y cuál fue el desencadenante: la artesanía, el comercio o tal vez la guerra?

Las ciudades más antiguas son contemporáneas de las pirámides. Una de ellas, Caral, fue descubierta recientemente en Perú. No se tuvo conocimiento de esta remota ciudad durante casi cinco mil años. Fue identificada cuando se esclareció que las colinas que se elevaban en el desierto habían sido pirámides en el pasado, una de las cuales no desmerecía por su tamaño a las pirámides de Egipto. Los arqueólogos se asombraron al no poder encontrar tras las excavaciones ni objetos de alfarería ni armas. Los pobladores usaban armas rudimentarias hechas de piedra, huesos y madera.

Se determinó que los habitantes se dedicaban al cultivo del algodón, hacían mallas de pesca y las intercambiaban por pescado con los habitantes de la costa. Sin embargo, los habitantes de una aldea se podrían haber dedicado a lo mismo con igual fortuna. No había estructuras defensivas alrededor de Caral, por lo que se descarta también una prehistoria militar. ¿Cuál fue entonces la causa de la fundación de la ciudad?

Desde tiempos inmemoriales, la gente vivía en aldeas, se dedicaba a la artesanía para vivir, participaba tanto en guerras intestinas como comerciales y para todo ello no era necesario levantar ciudades hechas de piedra o erigir pirámides. Según todas las evidencias, eran los péndulos, o más exactamente su función estabilizadora, la que servía como factor organizativo.

No se puede explicar cómo sucede esto exactamente. Pero la verdad siempre anda rondando. Lo más probable es que en un determinado momento se formara espontáneamente una estructura de péndulos en la que estaría inserta la capacidad para un posterior desarrollo. Una ciudad es al fin y al cabo una compleja jerarquía de péndulos de producción, consumo e intercambio. Y si por su estructura, este sistema autoorganizado resulta estable desde un principio, entonces este sistema se expandirá y fortalecerá. La evolución de una estructura puede llevar a la formación de una civilización compleja. Y tal proceso continuará hasta que algún defecto en la arquitectura destruya la gigantesca estructura. Por supuesto, hasta llegar a esto todavía queda mucho, pero todo depende…

Pero volvamos a nuestra vida. El ser humano en comparación con los otros representantes de la naturaleza está «más despierto». Pero acaso, ¿es siempre consciente de sus actos? La mente humana puede crear dispositivos y mecanismos complejos, construir ciudades, investigar el mundo circundante. Y sin embargo, a nivel de conciencia, el ser humano no está demasiado alejado del mundo animal.

La sociedad humana está organizada en una compleja estructura, compuesta de formaciones independientes: desde la familia hasta grandes corporaciones y estados. Igual que en la naturaleza, si la persona vive aislada responde básicamente de sus actos. Como se sabe, *la lucidez la alcanzan aquellos que se distancian de la sociedad.* Pero cuando la persona se convierte en un elemento de la estructura, en su mayor parte duerme despierto, lo que, por lo demás, no impide que su mente esté entretenida en una producción altamente tecnológica.

Una fábrica actual es mucho más compleja que un hormiguero. Sin embargo, en esencia, ambas son estructuras controladas por péndulos. Y todos los logros científico-tecnológicos, si se observan en su totalidad, son producto de la estructura y no de individuos aislados. Una persona puede inventar el televisor como aparato, pero la televisión es consecuencia de todo un sistema controlado por un péndulo.

Cuando la persona se constituye en elemento de la estructura tiene que seguir la regla del péndulo. Como consecuencia de ello surge una contradicción inevitable entre los intereses personales y las condiciones impuestas por la estructura.

Lo peor es cuando la persona no reconoce este hecho y trabaja obedientemente hasta el agotamiento sin poder permitirse levantar la vista y mirar alrededor para ser consciente de sus actos.

Tú puedes objetar: «¡Pero qué tontería! ¿Cómo que no soy consciente de mis actos? Al contrario, soy perfectamente consciente de lo que hago, para qué lo hago y por qué lo hago. ¡Faltaría más!».

Podemos citar el ejemplo ilustrativo de los campamentos infantiles de verano. La psique aún no totalmente formada de los adolescentes, relativamente libre de preocupaciones, constituye un campo abonado para la proliferación de péndulos. Los péndulos, en virtud de su esencia agresiva, crean una atmósfera donde se impone un espíritu competitivo. En este ambiente, si uno no es como los demás, es decir, cuando uno no concuerda con los parámetros de la estructura establecida, se puede convertir en el hazmerreír, o puede ser «expulsado del rebaño» o simplemente ser maltratado.

En tales situaciones, el adolescente duerme despierto, como un tronco. Vive como en un sueño, sin ser consciente de sus actos, esté con la multitud o en enfrentamiento con ella. El somnífero es, en este caso, un fuerte sentimiento de relaciones de rivalidad e importantes dudas que el adolescente tiene de su propia inferioridad e inadecuación a los «estándares». Este sentimiento de opresión y vigía no lo abandona nunca, incluso aunque el muchacho se muestre ante los demás tranquilo y lleno de energía.

Es precisamente esta opresión, lindando con la desesperación, la que la persona experimenta en un sueño inconsciente cuando uno está totalmente a merced de lo que acontece. La vida en un ambiente agresivo «trascurre» como en un sueño. Un raudal de circunstancias «trasporta» a la persona y toda su conciencia se reduce a mantenerse a flote y mirar tímidamente alrededor.

Si el adolescente carece de un eje interno, que le dé seguridad, empezará a buscar instintivamente, considérese inconscientemente, un punto de apoyo que le permita fortalecer su situación. Y es el péndulo el que le proporciona este apoyo, aunque no es gratis, sino a cambio de su sometimiento a las reglas del péndulo.

Uno puede a veces observar como en ambientes parecidos a un campamento de verano aparecen personajes chistosos y pareciera que están totalmente seguros de sí mismos, sintiéndose como peces en el agua. Toda esta fingida seguridad se mantiene en el punto de apoyo que les proporciona un péndulo.

Imagínate a dos poseedores del apoyo, uno «vago» y otro «chistoso»: «!Eh, tú! ¡Haz como yo! ¡Eh, tú! ¡Haz como yo!; ¡Eh, tú!, ¿A qué esperas! No te hagas el remolón. Diviértete. Haz el payaso».

Nadie alrededor entiende lo que dicen estos dos, colgados del péndulo como si fueran marionetas. El punto de apoyo crea una ilusión aunque sea efímera. Otros, observando la imaginaria seguridad de las marionetas, actúan igual, adquieren su punto de apoyo al aceptar el cumplimiento de la regla «Haz como yo» y así se mantienen en el aire, tanto el «vago» como el «chistoso».

Lo fundamental es que los partidarios del péndulo se sometan a la regla de un modo totalmente inconsciente, que se hagan la ilusión de que así es como hay que actuar. Siguiendo la regla, los partidarios pueden hacer lo que quieran, pero lo hacen todos igual. Por ejemplo, ahora ya no se usan tacos sino que toda la conversación está llena de ellos. A nadie se le ocurre pensar que esto sea vulgar. La vulgaridad es, ante todo, mal gusto, perteneciente a la clase baja. Esto es lo mismo que no lavarse y andar con ropa sucia. La gente no lo hace, pero lo hará tan pronto aparezca la regla correspondiente.

Así, en la corte del rey francés Luis IV no tenían costumbre de lavarse porque el propio rey, que experimentaba una patológica aversión a la higiene, se limitaba a lavarse las manos con coñac. Los cortesanos estaban obligados a seguir su ejemplo y, para enmascarar el pestilente olor que desprendían, se perfumaban abundantemente, y como consecuencia un hedor penetrante recorría el palacio. Y a esto hay que añadir que al estar acribillados por piojos adquirieron la «refinada» costumbre consistente en llevar, tanto las damas como los caballeros, unos palos para rascarse «elegantemente».

Evidentemente, la regla puede rehabilitar cualquier tontería. Pero lo importante es que los seguidores de la regla actúan como una masa uniforme, única, como un rebaño. Por ejemplo, la persona que pronunció por primera vez la palabra «guay» puede considerarse pastor. Pero los demás, como papagayos al repetir a coro estas y parecidas palabras, se comportan como ovejas, indudablemente.

Ahora es el momento de retornar al banco de peces. ¿Ha progresado más el ser humano en su conciencia?

No sólo los adolescentes están sometidos a la influencia de los péndulos, sino también los adultos, sobre todo dentro de una multitud. Por ejemplo, en una reunión, cuando se delibera sobre alguien o algo, una persona de la multitud puede levantarse y empezar a despotricar, con gran sorpresa para él mismo. Posteriormente se asombrará de cómo diablos se le ocurrió tal cosa para convencerse finalmente de que todo lo dicho era correcto. La multitud obliga a sus miembros a comportarse de una manera que no es característica de ellos. Es así como el péndulo influye en los que buscan el punto de apoyo.

Y podría parecer que la persona encontró el apoyo en la estructura, vale, ¿y qué importa? Por supuesto, ésta también es una solución. Sólo que hay que tener en cuenta que si uno se somete a las reglas de la estructura, tiene que olvidarse de su individualidad. *Si uno es «como todos» tendrá tranquilidad y seguridad. Pero al mismo tiempo pierde su don divino, la excepcionalidad de su alma que es la creadora de todo lo genial.*

Y, desde luego, de ninguna manera se puede hablar en este caso de la unidad del alma y la mente. La persona que se encuentra totalmente en poder de la estructura no tiene prácticamente conciencia y no percibe la voz de su alma, lo que significa que nunca encontrará su camino y estará siempre sometida al interés de la estructura.

Pero tampoco quiero decir que el camino de la persona se encuentre fuera de toda estructura. Uno puede aislarse en la montaña y alejarse del mundo de los péndulos. Pero, si a pesar de ello, su vida va a continuar siendo un sueño inconsciente, entonces nada cambia en líneas generales.

Se trata de ser dueño de nuestra propia vida permaneciendo en la estructura. ¿Pueden, por ejemplo, los participantes de un campamento de verano adquirir la ansiada seguridad sin someterse a la regla del péndulo y al mismo tiempo no convertirse en marginados? Es muy sencillo. Lo único que hay que hacer es despertarse y observar este juego con ojos de espectador sin abandonar el escenario. De esa manera, se reconocerá inmediatamente a los favoritos del péndulo, «vagos» y «chistosos», y a los partidarios, seguidores de la regla.

No se les puede reprobar ni, desde luego, despreciar por esto. Si como consecuencia de hacerse consciente de la situación, uno empieza a oponerse a los «dormidos», entonces surgirán relaciones de dependencia, la polaridad aumentará y el «despierto» se convierte inevitablemente en un marginado. Es importante recordar que no es suficiente sólo rechazar la regla del péndulo, es necesario sustituirla por la regla del Transurfing: *«Permítete ser tú mismo y al otro ser él mismo».*

Sólo así se podrá encontrar el punto de apoyo en uno mismo. Comprender lo que ocurre a nuestro alrededor ya es tener recorrido medio camino. Y sólo este conocimiento proporcionará una sólida y serena fe en uno mismo, *porque la inseguridad dimana del miedo a lo desconocido.* Cuando la persona desconoce las reglas del juego, el mundo circundante empieza a parecer amenazante y hostil, y entonces el abrumador sentimiento de soledad y abatimiento obliga a la persona a dormirse y a someterse a la regla del péndulo.

Siendo sabedor de todo lo anterior, tú podrás convertir tu vida en un sueño consciente, lo que a su vez significa obtener el control de la situación. O convertirte en pastor o por lo menos dejar de ser cordero.

Ya hemos tratado al referirnos a los fundamentos del Transurfing cómo fortalecer nuestra posición.

En primer lugar, liberarse del sentimiento de culpa y dejar de justificarse y dar explicaciones a quien tiene el descaro de juzgarte. En segundo lugar, dejar de defender y demostrar tu valía. Y si al mismo tiempo sigues la regla del Transurfing, entonces estas dos acciones son suficientes para lograr el punto de apoyo en uno mismo, es decir, empezar a vivir en correspondencia con tu credo.

No obstante, hay que tener en cuenta que uno no se puede oponer absurdamente a la estructura y luchar por todos los medios para liberarse de su influencia. Repito que de lo que se trata no es de liberarse totalmente del péndulo, sino de dejar de ser su marioneta.

Una vez que te despiertes percibirás y comprenderás hasta qué punto la estructura te coacciona (¿quieres vivir?) intentando imponer sus normas. Entonces tú podrás decidir por ti mismo si rechazas estas normas o las acatas. Lo importante es hacerlo de manera consciente mientras que los demás a tu alrededor se encuentran en el sueño. En esto consiste la estrategia de ser el dueño de la situación.

Tomemos como ejemplo una carta representativa:

«¿Por qué a veces sucede que cuando haces bien tu trabajo, incluso más de lo necesario, como cuando propones nuevas ideas y son bien recibidas, nadie se da cuenta de esto y felicitan a otro por tu aportación? Incluso si el asunto está relacionado con un ascenso, se olvidan rápidamente de mí como si no entrara en sus planes, y si me proponen para un puesto un poco superior, mi lugar es ocupado por otra persona o el proceso se detiene. Parece como si yo fuera invisible. ¿Por qué ocurre esto?».

Por lo que cuenta la lectora que plantea la pregunta, trabaja en algún sistema administrativo. Todo sistema es un péndulo. Primero surge una estructura de información energética en forma de conjunto de ideas y principios y posteriormente su realización material, es decir, el sistema. El sistema empieza a desarrollarse autónomamente, sometiendo a sus adeptos a sus leyes.

Los péndulos colocan a sus partidarios en puestos clave no por sus buenos méritos, sino por su mejor adecuación al sistema. Es ingenuo pensar que la gente se sitúa en la escala profesional y sobre todo en la jerarquía del poder en función de sus destacadas cualidades y logros.

El principal criterio no consiste en valorar la alta calidad de su trabajo, sino en que lo haga *correctamente* desde el punto de vista del sistema. El péndulo se ocupa sobre todo de la estabilidad. Por eso, debes orientar tus acciones en primer lugar al mantenimiento de la estabilidad del sistema. Si quieres ascender en tu carrera profesional, debes saber diferenciar entre «bien» y «adecuadamente». Todo depende del equipo de trabajo. Los péndulos tampoco son todos iguales.

En colectivos pequeños, la creatividad, la autonomía, el entusiasmo y la iniciativa pueden ser bien recibidos. Pero si lo que hay es un aparato de dirección o una gran empresa entonces entran en acción otras leyes y otra ética totalmente diferente, la corporativa.

La ética corporativa presupone un reglamento más rígido, disciplina y eficiencia.

La iniciativa es habitualmente sancionada, la autonomía se ve con recelo y la creatividad no juega un papel decisivo. En tal sistema hay que actuar no «mejor» sino «de manera más adecuada». De tal forma que es necesario actuar consciente y de manera flexible coordinando tus actos con las realidades del mundo de los péndulos. Pero todo esto no es tan complicado como pueda parecer. Lo importante es despertarse a tiempo.

## Los alienígenas índigo

Uno de los fenómenos más destacados de la nueva realidad es el de los «niños índigo», explicado detalladamente en el libro de Lee Carroll y Jan Tober. Este término fue introducido por la vidente Nancy Ann Tappe cuando investigaba las relaciones entre el carácter de la persona y el color de su aura.

A principios de los años setenta del siglo pasado, Nancy Tappe descubrió algo extraordinario: nacían niños con una característica, con un color de aura azul-violeta, desconocido hasta entonces.

Los niños índigo también se diferenciaban por su carácter del resto de las personas. Su característica principal es la hiperactividad y el déficit de atención. No pueden estarse quietos en un sitio si el tema para ellos no resulta de interés personal. Aunque no necesariamente todos los niños con estos rasgos son índigo y viceversa. Todos son diferentes.

Lo que los une es un sentimiento innato de dignidad personal y el deseo de independencia. Los índigo son conscientes de su valía y parecen seguros de que merecen estar en este mundo. ¡Así son estos niños!

Estos niños sorprenden a los adultos por su capacidad de raciocinio. Tienen una desarrollada conciencia para su edad y una sensata percepción del mundo. No están dispuestos a someterse a la autoridad comúnmente aceptada.

Los índigo no aceptan el conservadurismo. Les parece natural que algunas cosas puedan hacerse de otro modo mientras que el resto de la gente está acostumbrada a seguir las reglas y normas impuestas.

No se les puede considerar niños acomodaticios. Desde el punto de vista educativo se puede decir que no son manejables. Son seres especiales. Hasta cierto punto esto es característico de cada nueva generación. Sin embargo, la generación índigo destaca por su especial originalidad.

Durante miles de años, el recambio de generaciones ha tenido lugar uniforme e incluso regularmente. Pero últimamente se percibe un proceso acelerado de renovación de generaciones, cada nueva generación difiere radicalmente de la anterior. Los niños índigo ya han tenido sus propios hijos que ya han superado a sus padres en sus rasgos característicos como generación.

Pero, ¿qué es lo que sucede? El proceso de renovación revolucionaria de la conciencia humana no puede funcionar por sí mismo, sin motivos especiales. Como es sabido, en la naturaleza y en la sociedad todo tiende al equilibrio, por lo que la renovación de la conciencia conforma un contrapeso a cada nuevo proceso.

No es difícil imaginarse a qué proceso me refiero. En los últimos años se ha formado, junto con el desarrollo de la estructura de la información y las telecomunicaciones, una poderosa red de péndulos que conectan estrechamente toda la Tierra.

El progreso científico-tecnológico no es tan temible como su componente informativo. Éste crea un caldo de cultivo para el surgimiento y existencia de los péndulos. Cuanto mayor sea el grupo de adeptos que piensan en una misma dirección, tanto más potente será el péndulo y, consecuentemente, su poder sobre la gente. Para obtener el control sobre la conciencia de una significativa cantidad de gente, no es necesario meterla en matraces con ventosas como en la famosa película *Matrix*. Es suficiente con construir una red informativa global y la gente ocupará automáticamente los puestos en su celda.

Pero, ¿qué representa un ser humano en una celda informativa? Es el así llamado *elemento* social, cuya conciencia está condicionada por la situación de la persona en la *estructura*, y que realmente recuerda a una matriz.

Aunque de manera imperceptible, la estructura envuelve tenazmente a cada miembro en un determinado conjunto de pensamientos y comportamientos estereotipados. La persona piensa que actúa libremente, según su voluntad. Pero en realidad no tiene ni idea de lo que es la libertad porque la «configuración» de su voluntad está formada por la estructura. La persona representa *un juego impuesto por una voluntad designada para él.*

Parecería que cada uno es *libre* para hacer todo lo que *quiera*. Ésa es una libertad declarativa, puesto que sólo uno puede querer lo que se adecúa a los intereses de la estructura. *La estructura enseña a querer lo que le es necesario.*

Y es precisamente de este proceso de *sometimiento de la voluntad* (de la intención) de lo que vamos a tratar aquí. Este proceso es en esencia sinérgico, es decir, autoorganizado, ya que los péndulos en sí no poseen una intención consciente. Todo sucede por sí mismo como en la cristalización del hielo durante el proceso de congelación. La red de péndulos, como una colonia de plantas parásitas, cubre todo la biosfera de la Tierra.

¿Sientes miedo? ¿O tal vez te resulta divertido? Eso es en función de los gustos personales. Cualquiera es libre de atribuir a la ligera todos estos razonamientos al ámbito de la ciencia ficción. Aunque cuando la realidad cotidiana se presenta de una manera poco familiar, su crudo realismo supera las fantasías más atrevidas.

Pero regresemos a los niños índigo. La tendencia a sojuzgar la realidad produce la respuesta contraria, la aparición de niños con un afán innato de independencia. Es un proceso completamente natural. De esa forma, se manifiesta la acción de las fuerzas equiponderantes, en respuesta al crecimiento de la red de péndulos.

Por un lado, los péndulos intentan regular el mundo, introducir a la gente en una estructura en forma de matriz. Por otro lado, los índigo equilibran el dominio de los péndulos, cumpliendo de esa forma la misión prescrita. El comportamiento de los niños está dirigido a la destrucción del orden. Encorsetados en el marco de los estereotipos y convenciones, anhelan la libertad.

Todos los niños, y los índigo en particular, son sensibles a los potenciales excesivos. Por ejemplo, reconocen cualquier falsedad. Cuando los halagan en público empiezan a insolentarse. Sólo hay que elogiarlos excesivamente para que empiecen a encapricharse.

Cualquier regulación crea polaridad que los niños están siempre dispuestos a desbaratar. «No quiero dormir, no quiero tomar la papilla, lo hago yo mismo». La tendencia de los niños a desobedecer y a hacer travesuras no es por maldad, sino que es resultado del deseo natural de liberarse de la dirección externa.

A veces puede parecer que los niños hacen determinadas cosas a propósito. En tales circunstancias, lo que hacen es actuar inconscientemente, involuntariamente. Ni traman ni urden nada. Su actitud provocativa tiene lugar espontáneamente, por sí misma. Se manifiesta así la acción de las fuerzas equiponderantes como respuesta al orden que los adultos pretenden inculcar en sus hijos.

El anhelo de independencia de los índigo se manifiesta también en su actitud hacia la religión. «Estos nuevos niños difícilmente pueden aceptar la Iglesia actual», escriben Carroll y Tober. «Los índigo llegan a este mundo con un agudo sentido de consideración hacia sí mismos y una seguridad inquebrantable de ser hijos de Dios». ¿Necesitan en este caso intermediarios para tratar con Dios? Difícilmente.

Los niños índigo se dejan guiar más por la voz del corazón que por la razón. Los adultos consideran que actúan bien cuando actúan correctamente. Los niños creen, por su parte, que lo importante es actuar con el corazón, con amor, y no actuar en función de lo que se considera correcto o incorrecto.

¿Y si tal vez en algún momento del pasado, en vidas anteriores, tus hijos fueron realmente tus padres? Y ahora se han intercambiado los papeles. Y estas almas ancestrales siguen enseñándote, dándote muchas y sabias lecciones.

La racionalidad de los niños índigo es consecuencia de su elevada conciencia. Se dan cuenta de lo que sucede a su alrededor y quién es cada uno. La conciencia se acentúa cuando el foco de atención está dirigido hacia uno mismo y no hacia el mundo exterior. Si uno está sumido en sus preocupaciones, impuestas desde el exterior, acaba inmerso en un juego inconsciente. La racionalidad de los índigo se opone a la tendencia a la «hipnotización de la conciencia» de los individuos en las redes de péndulos.

Desde su nacimiento, los niños se caracterizan por una notable individualidad. En la primera infancia, son encantadores y muy guapos. El secreto de su atractivo se halla en la armoniosa unidad del alma y la mente. Se aceptan como son y por eso su originaria belleza espiritual no es deformada por las falsas máscaras de la razón.

¿Por qué razón a medida que crecen estos maravillosos seres desarrollan rasgos desagradables y debilidades? Si son, al fin y al cabo, hijos de Dios y por eso, bellos y poderosos como Él, a pesar de la fragilidad de su edad. Originalmente, poseen la fuerza del Creador, capaz de constituir una nueva realidad. Pero las facultades de los niños índigo no logran manifestarse y materializarse, ya que los péndulos los privan de su energía divina, la unidad del alma y la mente.

Los niños llegan a este mundo e inocentemente lo observan con sus grandes ojos como perlas. La vida se les presenta prometedora y llena de esperanza. Pero el mundo está regido por los péndulos que actúan según el principio de «divide y vencerás».

Los péndulos unifican intenciones y aspiraciones de las personas eliminando de esa forma la excepcionalidad e integridad de la personalidad. *La división y separación de la mente y el alma lleva a la pérdida de la belleza sagrada y de la energía.*

Con el tiempo, se produce el desvanecimiento de grandes y pequeñas esperanzas. Este proceso en algunas personas se lleva a cabo de manera paulatina y sin sufrimiento, pero en otras, las menos afortunadas, se produce con virulencia y rápidamente. Así, la mirada de los niños de un orfanato refleja a la vez dos aspectos antagónicos: esperanza y desesperación. Es como si se hubiera quedado petrificada en sus ojos la pregunta: «¿Cómo es esto posible?».

El mundo de los péndulos señala constantemente a los niños su vulnerabilidad e imperfección. Primeramente engendra desconfianza, para después avanzar tan firmemente que se convierte en algo habitual. Pero no sirve asustarse y huir. Hay que sobrevivir de alguna manera en este ambiente hostil. Al encontrarse bajo la poderosa influencia de la estructura, los niños de Dios son obligados a convertirse en sus elementos.

A medida que crecen, los niños empiezan a preocuparse si no son «iguales a los demás» temiendo que éstos los discriminen, lo que ciertamente sucede a menudo. Entre la multitud uno está seguro, pero si te separas de ella puedes convertirte en un marginado. Es así como los niños pierden paulatinamente sus dones innatos, como son la independencia, conciencia, intuición e individualidad.

Todas estas cualidades son inherentes a los niños índigo. Pero para la estructura esto equivaldría a la muerte y por eso el proceso de sojuzgamiento de la voluntad va a ir incrementándose. ¿Quién ganará la batalla? Nadie lo sabe.

Pero para nosotros una cosa está clara: mientras la estructura no gane definitivamente la batalla tenemos que recobrar aquí, en esta vida, parte de la energía que nos ha trasmitido Dios, y el Transurfing nos ayuda a hacerlo.

Y, tú, querido lector, ¿no serás por casualidad índigo? Realmente no importa. Todos somos, en esencia, idénticos, o niños adultos o adultos-niños.

## Los señores de la energía

¡Qué extraño…! Es algo habitual y raro al mismo tiempo. Las plantas y animales domésticos eran hace mucho tiempo asilvestrados y crecían de manera libre y espontánea. Pero posteriormente el ser humano «se despertó» y tomó conciencia de que podía someterlos a su control. Precisamente, esta toma de conciencia permitió al ser humano elevarse sobre animales y plantas y utilizarlos para satisfacer sus necesidades, mientras éstos viven en un sueño inconsciente. Para ello, el hombre tuvo que crear unas estructuras que determinaran dónde y de qué forma las especies sometidas deberían existir.

No importa cuáles hayan sido los objetivos de plantas y animales, sin duda los tendrían, pero la regulación de la estructura los ha anulado. Para el ser humano, el objetivo en la vida de estos seres se reduce a las necesidades básicas de comer y reproducirse. Sin embargo, si este ser «superior» piensa de esta manera, eso evidencia más bien un nivel primitivo de su supuesta desarrollada mente.

En realidad, todo ser vivo tiene un objetivo propio. Y ¿por qué es así? *Porque el proceso para lograr el objetivo es el motor de la evolución.*

Volveremos a esta cuestión más adelante, por el momento constatamos un hecho: el verdadero objetivo de un ser vivo, no importa cuál, sólo puede ser alcanzado en su hábitat natural. Pues toda estructura somete el objetivo de sus elementos exclusivamente a sus intereses. El desarrollo de animales domesticados o «regulados» y de plantas va en la dirección que les determina el ser humano. Como resultado, los elementos de la estructura se duermen más profundamente y pierden completamente toda noción de sus verdaderos intereses.

La vida de los animales salvajes y plantas es mucho más rica y consciente de lo que creemos. Tomemos el ejemplo de un rebaño de renos salvajes. Sufren innumerables dificultades tales como mantenerse alerta y defenderse de los depredadores, criar a la descendencia, buscar alimento, relaciones familiares, jerarquía, así como juegos o simplemente el disfrute de la vida.

La vida de un rebaño de vacas en la estructura de una granja es mucho más pobre. El ser humano evitó a estos animales una gran cantidad de problemas al suministrarles cobijo y comida. Pero a cambio, estos animales tuvieron que entregar a su dueño todos sus objetivos, ahora es él el que determina cómo, para qué y cuánto van a vivir. ¿No crees que esto recuerda a alguien que «hubiera vendido» su alma al diablo»?

¿Y qué ocurre con las personas? La realidad demuestra que al crear una estructura la persona se convierte en su esclava. *La persona se pierde y deja de comprender quién es y lo que quiere.* Toda su actividad se reduce a fin de cuentas a la producción, y compra-venta de diferentes mercancías. Al frente de cada estructura, como si fuera una superestructura, hay un péndulo. Las mercancías en sí no le interesan a los péndulos, sin embargo, las estructuras se desarrollan muy activamente. ¿Cuál es la razón?

Lo que ocurre es que *la mercancía básica es la energía.* El ser humano compra cosas para su satisfacción y comodidad, ¿no es cierto? Además de cosas agradables existen también cosas desagradables, destinadas a producir malestar en otros. *Tanto en uno como en otro caso se desprende energía, positiva o negativa. Y esto es lo que necesitan los péndulos.*

Como se puede ver, la producción e intercambio de objetos materiales no lo es todo, en absoluto. Se compra y se vende sobre todo energía. Y los péndulos son los que controlan todo este campo energético. Estos magnates son los que reciben la mayor parte de la energía mientras el ser humano sólo va a recibir una mínima parte. Gráficamente, es como si unos recibieran la leche y otros el heno.

En el mercado de la energía se realizan incluso operaciones parecidas a las financieras. Así, por ejemplo, el alcohol es energía en estado puro. Al tomarlo, uno acepta energía a crédito. *La euforia producida por el alcohol es un préstamo y la resaca es la devolución del crédito con intereses. Siempre hay que devolver más de lo que se acepta,* puesto que los péndulos nunca ofrecen energía de manera gratuita.

Las bebidas de baja graduación relajan. El péndulo absorbe la energía poco a poco. Las bebidas de alta graduación por el contrario provocan un raudal de energía: *«¡Que corra el vodka! ¡Que fluya la música!».* Sin embargo, el péndulo presta esta energía a un alto interés. Enseguida empieza la tendencia contraria: *«¡Que fluya el vodka! ¡Que corra la música!».* A una explosión de euforia le sigue un gran bajón. *Cuanto mayor sea la excitación tanto más perceptible será la posterior depresión.*

La resaca no se produce por un cambio fisiológico en los órganos, sino debido a que el péndulo extrae la energía libre de la persona. Uno tiene, o bien que sufrir, o bien que tomar de nuevo más alcohol. El péndulo nuevamente puede prestarle energía, pues tiene todo el tiempo del mundo. El desquite llega inevitablemente, tarde o temprano. Uno puede marcharse de un bar sin pagar, pero del péndulo no te escapas. Y cuanto más incurra la persona en su «deuda» tanto mayor será la venganza.

En tal estado, la libre energía del «moroso» se encuentra a completa disposición del péndulo. La persona percibe como alguien agarra literalmente con unas tenazas su enérgico cuerpo por la zona del chakra del corazón. El péndulo pone una condición: o la persona sigue bebiendo o la tortura continuará.

*Teniendo en cuenta que la voluntad es básicamente energía libre, la persona se vuelve débil y abúlica en función de la cantidad de energía que se le extrae.* Es ésta la causa básica del alcoholismo. Si la persona vuelve a beber, nuevamente parte de su energía será absorbida por el péndulo pero inevitablemente tendrá que realizar un pago mayor. Puede parársele el corazón como a menudo sucede. El péndulo dejará a la persona en paz sólo cuando le haya absorbido todo, y si ésta sobrevive será de milagro.

El primer crédito siempre es el más generoso y festivo, ya que sirve como presentación. Como se sabe, la primera copa de vino produce una fuerte impresión. Pero posteriormente cada vez que uno bebe, las sensaciones no necesariamente se embotan pero sí que resultan menos agradables. Los péndulos pueden «gastar» sólo para luego atraparnos en sus redes. La contraprestación siempre es implacable y no hay lugar para indulgencias. Por ejemplo, cuando uno acepta este tipo de crédito, hay que mantener la conciencia en un nivel especialmente alto y saber qué «nivel de liquidez de pago» tiene cada uno.

Los indigentes que se han dado a la bebida no son en absoluto personas degradadas como se suele considerar. Estos infelices simplemente no supieron calcular sus fuerzas y pagar a tiempo el crédito, y por eso tienen deudas contraídas hasta hoy día. Piden crédito constantemente y cada vez el pago es más difícil. ¡Y todo empezó como una fiesta! El proceso de degradación se acelera imperceptible pero irreversiblemente hasta convertirse en un efecto bola de nieve. La naturaleza de *la transición inducida* es perversa y cualquiera puede ser engullido en su remolino.

En general, todo lo relacionado con vivencias intensas, es decir, con una gran carga energética tiene relación con prácticas poco saludables y todo esto constituye crédito de los péndulos. ¿Por qué son dañinos estos hábitos? Porque los péndulos son por su propia naturaleza agresivos y propensos a incrementar la energía del conflicto. Lo que resulta atrayente pero dañino, tarde o temprano termina mal para la persona. Cuanto más daño, tanta más energía negativa se desprende. La energía positiva nunca se desprende en cantidades tan grandes.

La mayor «dosis» de energía «se sustrae» a quienes consumen drogas. La euforia pasajera no es nada en comparación con la posterior depresión. Si la dosis habitual no llega a tiempo, el temido síndrome de abstinencia extrae del desdichado hasta la última gota de energía.

Existen otros tipos de créditos con interés más bajo. Éstos son, ante todo, el tabaco, el té, las bebidas no alcohólicas, la goma de mascar. Alguien quizás no se contenga y se pregunte: «Pero por el amor de Dios, ¿qué tienen que ver los chicles con todo esto?».

Como ya expliqué, ante la satisfacción de cualquier necesidad material o espiritual se desprende energía, energía del placer, del confort o de cualquier otra cosa, no importa. En cualquier caso, cuando quieres algo acumulas energía, y cuando recibes lo que quieres, desprendes energía. Al masticar uno recibe una determinada sensación de bienestar que tiene, por cierto, un origen muy primitivo. La naturaleza de este bienestar es bastante obvia: cuando uno come todo va bien, pero cuando uno es el comido, el asunto se pone feo.

Y esto es aplicable a cualquier adicción: si la persona se hace «cliente habitual» se convertirá en parte del «rebaño». El redil ya no es imprescindible. El cliente no se irá a ninguna parte mientras su atención esté fijada en el nudo del péndulo. Cuando la persona piensa en el objeto de su adicción desprende energía en la frecuencia de resonancia del péndulo. Todos los pensamientos de los «deudores» están única y exclusivamente dirigidos a recibir otra porción de energía, otro préstamo. No están en disposición de pensar en otra cosa porque los péndulos retienen totalmente su atención.

Tal apropiación es posible gracias a una característica determinada de la psique humana. La atención puede concentrarse en cualquier otra cosa, es parecida a la flecha de una veleta, con el péndulo dirigiendo el viento en una única dirección. La apropiación de la flecha de la atención se puede explicar con un ejemplo sencillo: es como cuando uno no consigue librarse de una pegadiza melodía que ha oído.

No se puede considerar que la dependencia se desarrolle sólo debido a factores fisiológicos, juegan también su papel, pero no es, en absoluto, el papel principal. Por ejemplo, cuando los más recalcitrantes fumadores visitan un submarino no les agobia la posibilidad de no fumar. Tan pronto se levanta la escotilla y se da la orden de descenderla idea de fumar desaparece completamente puesto que desaparece cualquier posibilidad objetiva de poder hacerlo. El fumador ante esta necesidad objetiva se resigna por completo y simplemente no piensa en ello. La veleta de su atención se dirigió hacia otro lado. ¿A dónde se dirigió esta dependencia fisiológica? Cuando el submarino regresa de la excursión, y si el fumador no tenía la intención de dejar el tabaco, se le viene a la cabeza que no estaría mal fumar un cigarrillo y el latoso acreedor atrapa la flecha de la atención en su nudo.

La apropiación de la flecha de la atención se corrobora también por otro fenómeno como es el juego o *la adicción a Internet. Existe una gran cantidad de gente con tal dependencia que sólo se siente como pez en el agua ante la pantalla de un ordenador. Si al adicto se le aparta de la pantalla aunque sólo sea por unas horas, comienza la angustia con todos los síntomas de la abstinencia.* Aparecen dolores de cabeza y musculares y una insoportable sensación de malestar. Pero tan pronto el cliente se pone de nuevo ante la pantalla todos los síntomas remiten. Es evidente que en este caso no existe ninguna necesidad fisiológica.

En todos los casos, la dependencia surge fundamentalmente debido a que la flecha de la atención da en el nudo de la captura del péndulo. *Para «salir de la aguja» hay que* desviar la atención, ocuparla en algo diferente.

Librarse del nudo de la captura con fuerza de voluntad es poco probable, de igual forma que sólo podemos desprendernos de una melodía pegadiza cuando la cambiamos por otra. Un mal hábito como norma se acompaña de un determinado guión y un decorado. Todo esto crea una atmósfera especial, como, por ejemplo, la pausa para fumar durante el trabajo que facilita la captura de la atención. Saldar todas las deudas y dejar este banco tóxico se puede hacer sólo de una manera: cambiando el guión y la decoración. No es difícil hacerlo, sólo se exigen ganas y un poco de imaginación.

En cualquier caso, aunque no se tengan «deudas crediticias», sólo usando los productos de la civilización, la persona, muy a su pesar, entrega parte de su energía a los péndulos. La gente es, en sentido literal, «pastoreada», por no decir «cultivada». Todo el proceso civilizatorio representa un proceso constante de consumo y entrega de energía. Y todo este intercambio energético es controlado por los péndulos.

Pero el acopio de energía de la gente no es algo en sí mismo tan negativo. El principal peligro de la estructura está en que reduce a la nada los caminos individuales de sus elementos. Al miembro de la estructura se le despoja incluso del mismo concepto de existencia de su camino. La persona empieza a realizar no sólo lo que ordena la estructura, sino incluso a querer lo que para ésta es ventajoso. Y no hay que hacerse ilusiones pensando que el ser humano es racional y por eso no permitirá su sometimiento.

Como ya se ha demostrado, el grado de conciencia de la persona se encuentra en un nivel bajo, y la estructura lenta pero infaliblemente conduce a una posterior disminución de los últimos restos de conciencia. Para una completa victoria de la estructura, se tienen que unir todos los elementos en un único espacio informacional lo que ahora se realiza rápida y exitosamente. Tal vez a la persona le queda por añadir algún ladrillo más a la pared para quedar definitivamente emparedada.

¿Y qué se puede hacer?, puesto que sucede que si consumes los productos de la civilización te pastorearán (y ya se puede decir sin comillas). Hubo ocasiones en las que la gente intentó huir de la civilización y asentarse formando comunas en el campo. No voy a ser yo el que juzgue el éxito de éstas. De todas formas, el ser humano actual no puede dar totalmente la espalda a la civilización, ya que sería incapaz de adaptarse. Sin embargo, tiene sentido reducir al mínimo todos los productos dañinos y sustituirlos por los dones de la naturaleza.

Por ejemplo, crear nuestro propio patrimonio con un jardín y un huerto. La principal ventaja de tal oasis de naturaleza viva en el desierto de la civilización es que las normas y los estándares son establecidos por uno mismo y no por la estructura. Pero no está obligado a plantar quien no esté en disposición de ello. Todo el mundo debe tener la posibilidad de establecer las leyes de su existencia de manera autónoma: si quiero, lo asfalto todo, y si quiero, dejo que todo se cubra de maleza.

Para un habitante urbano, otra salida es la posibilidad de alimentarse exclusivamente de productos naturales. Pero para esto hay que despertarse y reconocer que la bonita manzana cultivada en la estructura y comprada en el supermercado es adecuada, por sus características, sólo para el elemento «de pleno valor» de esa estructura, con un repertorio completo de enfermedades, derivadas de esta alimentación.

Desde luego, opciones hay muchas y cada uno elige la suya. En mi caso, siempre me servirá de modelo el caso de un gato asilvestrado al cual tuve «el honor de conocer».

Un amigo mío y yo solíamos ir al bosque para disfrutar de una «buena barbacoa» y descansar de los beneficios de la civilización. Una vez, atraído por el agradable olor, se nos acercó un gato enorme y lustroso. Aparentemente, tenía aspecto de haber sido un gato doméstico, pero por algún motivo fue a parar al bosque y se asilvestró. A juzgar por su tamaño, esa mole peluda se ganaba bien la vida cazando pájaros y ratones. Aunque un gato de semejante tamaño bien podría zamparse un conejo. Y no rechazaba nuestra invitación sino que simplemente cogía lo que le ofrecíamos y se iba.

Desde entonces, nos encontrábamos con este gato en el bosque bastante frecuentemente. El bigotudo se dejaba invitar, sin embargo no aceptaba familiaridades. Ese gato era verdaderamente un auténtico transurfer. Reconocía el gusto de la verdadera libertad, y aunque no rechazaba relacionarse de vez en cuando con la civilización, no cambiaría su independencia por nada del mundo.

Uno puede hacer uso de los bienes de la civilización sin caer en la dependencia. La conciencia distingue a un individuo libre de un rebaño. Sólo hay que despertarse y percatarse de lo que sucede a nuestro alrededor. Y yo logré reconocer todo esto para luego poder contároslo sólo a vosotros, porque en realidad es un secreto. A ti, querido lector, te lo contaré. Me asilvestré, hui de la granja.

## Declaración de intenciones

Hasta ahora hemos estado hablando solamente de cómo liberarnos del péndulo y de no caer bajo su influencia. ¿Pero existe la posibilidad de recibir de él aunque sea algún beneficio? En general, *cualquier sueño se realiza, al fin y al cabo, con la ayuda de los péndulos,* pues todos trabajamos y vivimos en unas u otras estructuras y de este hecho no nos libramos. La cuestión estriba en que la estructura no nos despoje de nuestro sueño sino que nos ayude a realizarlo.

Y ¿existen métodos para influir directamente en el péndulo? Lo más probable es que no. Domesticarlo no se puede, tampoco es posible controlarlo. Sin embargo, sí es posible, a pesar de todo, aprovechar sus propiedades en beneficio propio.

¿Nunca se te ocurrió preguntarte por qué la gente brinda sentada a la mesa y se rodea de otras personas? ¿Tiene esto algún significado o es simplemente un ritual simbólico? Al parecer, esto no es porque sí. La sabiduría popular a veces crea tradiciones parecidas a absurdos prejuicios. Pero la gente, inconscientemente, sigue las normas establecidas sin sospechar que estas normas constituyen una forma de controlar la realidad.

En realidad, las bebidas alcohólicas, como se demostró más arriba, representan un crédito energético. La energía libre recibe una dosis complementaria de bebida y se eleva un escalón más. Y puesto que esto no es otra cosa que la energía de la voluntad, entonces, dependiendo de hacia dónde se dirija la voluntad, se recibe, en consecuencia, el resultado correspondiente.

Así, si uno bebe por desesperación, la realidad se hundirá en un agujero todavía más negro. Cuando uno bebe porque está alegre, entonces los motivos para la alegría se incrementan. Y si en las bebidas se entremezclan los sentimientos de miedo e intranquilidad, nuestra vida dará un vuelco y habrá realmente algo que temer. El mismo procedimiento tiene lugar en todos los demás casos.

La emisión mental, reforzada por un brote de energía, traslada al individuo a las líneas de la vida con sus cualidades correspondientes. El péndulo, que otorga el crédito, sirve como fortalecedor de la energía de la intención. El péndulo, por mucho que oscile, no tiene acceso a la intención exterior, y por eso no es capaz de materializar el sector en el espacio de las variantes. La realidad está sujeta sólo a los seres vivos. De ahí que cuando una persona realiza un brindis, fija la dirección en su intención. ¿Entiendes lo que ocurre?

La energía del péndulo-acreedor conlleva como norma cualidades negativas. Pero el ser humano, al dotar a esta energía de buena voluntad, cambia su polaridad. Por eso, los brindis no son en absoluto un ritual banal sino toda *una declaración de intenciones*.

A pesar de que los brindis tienen un efecto benéfico, también tienen un fallo considerable: los deseos están dirigidos habitualmente al futuro. La energía suministrada por el péndulo se transforma sólo en energía positiva, pero no ejerce ninguna influencia en la realidad. Los deseos se encuentran en un espacio, en una perspectiva inaccesible. Y esto es totalmente normal puesto que el espejo no es capaz de reproducir el futuro, refleja sólo el presente.

¿Y qué podemos extraer de todo esto? Pues que todos estos brindis hay que hacerlos en tiempo presente. Sonará un poco raro, pero resultarán efectivos. Así, por ejemplo, no diremos «seremos» sino «somos» o «tenemos una salud maravillosa», «hemos ganado», «los que no están con nosotros, siempre están», «los que disfrutan del mar son afortunados», «nuestros deseos se cumplen» «la suerte siempre nos acompaña» y así sucesivamente.

De esta manera, tal declaración de intenciones va a atraer el deseo a la realidad presente y no se pospondrá eternamente al día de mañana.

No debería suponerse que con el consumo de bebidas alcohólicas uno puede fácilmente materializar los deseos en realidad. Como bien se puede comprender, ésta es un arma de doble filo. Cuanto mayor es el préstamo mayor es el interés, sin considerar que con el aumento de la «deuda», la conciencia y por lo tanto la intención de la persona se desplaza al ámbito del espacio de las variantes que no se corresponde con la realidad. Y que no es admisible realizar semejantes manipulaciones con drogas. Transformar la energía negativa del péndulo en positiva no siempre se puede hacer y no cualquiera puede hacerlo.

La magia negra se basa en el mismo principio. El maléfico hechicero invoca a los poderes ocultos con la intención de utilizar su energía para reforzar su hostil intención.

Pero, en general, pedir un crédito al péndulo no es lucrativo en ningún sentido. No obstante, si de todas formas se hace, es necesario seguir las normas: *cuando «pendas del gancho de un péndulo» piensa sólo en lo bueno.*

Tomemos el péndulo del Transurfing, por ejemplo. Indudablemente, daño no te producirá, en cambio, la declaración de intenciones puede aumentar perceptiblemente su eficiencia. Cada vez que obtengas información del Transurfing, mentalízate de que te ayudará en la consecución de tus objetivos. Tal fijación de la intención dirige el vector del flujo de las variantes precisamente hacia donde es necesario.

Con cualquier otro péndulo, incluso sin tener relación alguna con tu vida, hay que actuar de idéntica forma. Así, por ejemplo, cuando miras una telenovela o cualquier otro espectáculo en la televisión intercambias, de alguna u otra forma, energía con el péndulo. Observando la acción, ten preparada una diapositiva con un objetivo, es decir, con la imagen de lo que deseas recibir. En el flujo de información siempre es posible encontrar una conexión que puede tener al menos una pequeña relación con tu objetivo. Por ejemplo, al ver que los protagonistas de una telenovela viajan en un lujoso coche, constata el hecho de que te dispones a comprar uno parecido.

De ninguna manera se puede pensar en algo malo en el momento de recibir el crédito. Los pensamientos angustiosos, los molestos problemas, el abatimiento, el miedo, todo esto se fortalece con un incremento de energía que tú recibes. Se pueden citar los siguientes ejemplos.

Durante un descanso para fumar un cigarrillo, piensas en un logro futuro como si ya lo tuvieras en tus manos. O imaginemos que un anuncio publicitario te invita a disfrutar del aroma de un café. Mejor que en ese momento disfrutes de tu logro, que está contigo, suceda lo que suceda. ¿Recuerdas el principio de la coordinación de intenciones? Así, por ejemplo, cuando fumas o bebes café, en vez de disipar tus pensamientos, declara la siguiente intención: «Todo me va maravillosamente porque con mi intención yo formulo mi realidad y sé cómo hacerlo».

Las ceremonias del té se celebran según este principio. La oración antes de comer y la ofrenda de la comida a Dios también forman parte de las tradiciones de muchos pueblos. Sin embargo, al ofrecer a Dios su parte, uno no debe olvidarse de sí mismo.

Si «te alimentas» con amor y dedicación, repitiendo algo parecido a «come, come, querido, recupérate», el efecto logrado puede ser totalmente increíble e inesperado. Es muy probable que desaparezcan algunas enfermedades. El organismo al principio se sorprende y después se alegra y florece como una planta a la que se le dedica atención y ternura. Lo importante es tratarse con sincero interés, amor y palabras tales como: «Si tú no te alimentas, nadie te alimentará».

Tal declaración posee una enorme fuerza. Si antes te tratabas con indiferencia o con hostilidad, entonces un ritual como el señalado conllevará cambios sorprendentes. No lo creas, haz la prueba.

En vista de todo lo expuesto, puede parecer que la declaración de intenciones se puede usar en juegos, con péndulos tan perversos como la bolsa, las carreras de caballos o en el casino. En principio, por qué no. La probabilidad de éxito aumenta si en el momento de invertir dinero y también durante el juego, visualizas la diapositiva de una ganancia segura. No es fácil hacerlo pero es posible. Como norma, todos los pensamientos del jugador van dirigidos a las siguientes enunciaciones: «¡Qué bien estaría ganar!». «¿Y si pierdo?». «No, tengo que ganar a pesar de todo», «Esta vez tendré suerte».

Pero hay algo que no concuerda. Está el deseo y los pensamientos de cómo ganar así como el miedo al fracaso y la esperanza de obtener éxito. Debe dejarse a un lado cualquier razonamiento, emoción, inclusive la esperanza de tener éxito. Debe sólo mantenerse una decisión irrevocable y desapasionada de obtener una ganancia. «Soy un triunfador», ésta es la declaración que debes formular y, además, sin argumentos, condiciones o signos de admiración. Si logras conseguir este estado de decisión desapasionada e incondicional, las posibilidades de tener éxito aumentan considerablemente.

Aunque esto no es todo. En una única sesión de juego se puede lograr el éxito una, dos o tres veces. Pero esto no puede continuar eternamente porque todo el mundo es humano y *mantener constantemente un nivel de importancia completamente bajo es imposible.* Cualquier juego de azar es un crédito energético que puede trasformarse en una transición inducida con un triste final. No obstante, estas cuestiones han sido tratadas en el primer libro del Transurfing, por lo que no vamos a detenernos en ellas.

Se puede decir que la única manera de evitar pagar el interés del crédito es abandonar a tiempo el juego. Pero no sólo abandonarlo, sino librarse totalmente de la más mínima relación con el péndulo para aplacar la emisión de pensamientos en su frecuencia. En otras palabras, hay que *dirigir la atención* a otra cosa durante un determinado tiempo. Y no pensar, en absoluto, en el juego. Sólo de esa manera, dejando de oscilar junto con el péndulo, uno se puede salvar del remolino de la transición inducida. Una vez que la conexión ha sido cortada totalmente, se puede empezar una nueva sesión del juego.

Pero, en general, el juego con el péndulo es muy peligroso e impredecible porque nadie en el mundo posee lo necesario para tener esta decisión desapasionada. En esencia, se puede decir que esto no es un juego sino *una danza con sombras*.

El péndulo es una sombra invisible, fría e implacable. No es consciente y no posee intención. No tiene ni alma ni intelecto, cuya oposición engendra sentimientos, impulsos y debilidades. Uno nunca podrá superarlo como tampoco podrá dejar atrás su sombra. Acecha impasiblemente sobre sus vacilaciones sabiendo que no tiene escapatoria. Es imposible vencer a esta sombra y jugar con ella no tiene sentido. ¿Qué se puede hacer entonces?

O bien tienes que abandonar el peligroso juego o bien empezar el tuyo propio para convertirte en el favorito del péndulo; esto es lo que tiene sentido.

Al intentar ganar al péndulo, la persona persigue su propia sombra. Todas las aspiraciones de ganar que le acompañan están sometidas a la intención interior, que siempre lo conduce ciegamente a lo que está delante de sus narices, sin ver nada de lo que hay alrededor. Para terminar con esta persecución inútil es necesario detenerse, echar un vistazo alrededor y empezar a moverse por uno mismo. De esta manera, se intercambiarán los roles: no será la persona la que persiga al péndulo, sino que será el péndulo el que empezará a perseguir a la persona. Quien rechace esta intención interior, de corto alcance, se convertirá en el amo del juego, el líder en estas danzas con las sombras.

Para empezar tu propio juego, es necesario que te permitas ser tú mismo. Tu juego es la formulación de tu propia realidad según tu percepción. Hacerlo está en tus manos. Sólo necesitas *tomar* ese privilegio. Sólo uno mismo acepta o rechaza sus privilegios. Esto es lo que tienes que comprender.

Sin embargo, permitirse ser el líder no lo es todo. Las estrellas nacen por sí mismas pero son los péndulos los que las iluminan. *Aunque seas una lumbrera o aunque crees una auténtica obra de arte, nadie sabrá de tu proeza si no te escoge un potente péndulo.* Por este motivo, por fantástica que sea tu creación, nadie la conocerá, así de simple.

*En el mundo de la cultura, la ciencia o el arte, las obras excepcionales se convierten en objeto de interés del gran público sólo cuando surge un nuevo péndulo o esto es beneficioso para uno viejo.*

Para llegar a ser una figura en tu ámbito profesional, es necesario saber usar las características del péndulo. ¿Nunca te has pensado por qué las obras que obtuvieron una enorme popularidad en el pasado ya no disfrutan de ese éxito, a pesar de conservar sus excelsas cualidades?

Hay multitud de logros culturales cuyas magníficas propiedades podrían satisfacer cualquier necesidad contemporánea. Pero actualmente estos logros no son demandados porque sus péndulos, brillantes en el pasado, se han apagado casi o completamente. Son precisamente los péndulos los que crean la popularidad y la moda. Si no, ¿cómo a una gran cantidad de gente empieza a gustarle algo al mismo tiempo?

Examinemos el fenómeno de las modas musicales en dos grupos inolvidables como son los Beatles y Abba. Ambos grupos lograron fama mundial no porque crearan nada básicamente nuevo o especialmente destacable. Todo lo que hicieron no era, en absoluto, una novedad. Al contrario, los creadores del estilo disco o rock fueron otros músicos, bastante menos conocidos. Entonces ¿cómo se explica el extraordinario éxito de estos dos grupos?

Los comienzos de los Beatles fueron un cúmulo de sufrimientos y múltiples fracasos. Al principio, el cuarteto era uno más de los muchos grupos que había por aquella época. Incluso no sabían tocar bien. Su profesionalidad no iba más allá del nivel de los pubs en los que actuaban. Sí, los Beatles tenían mucho talento, pero en el mundo del espectáculo esto no es suficiente. Los viejos péndulos siempre aspiran a cerrar con diversos métodos el camino a los novatos.

Hacia el año 1962, el grupo ya había consolidado su propio estilo y compusieron canciones a cuyo ritmo pronto bailaría el mundo entero. Pero esto llegaría más tarde, y mientras tanto, nadie prestaba atención a los Beatles. No obstante, tenían un pequeño grupo de fieles seguidores. Ese mismo año, el cuarteto de Liverpool llamó sin éxito a todas las puertas de las compañías discográficas, recibiendo siempre negativas. Parecía que el grupo no iba a tener la oportunidad de dejar de ser una simple banda asidua de los pubs británicos.

Hunter Davies, en la biografía autorizada de los Beatles, escribe: «Pero a pesar de todo seguíamos creyendo que nos abriríamos camino y llegaríamos a ser los número uno, contaba George Harrison. Cuando todo nos iba mal y nada nos salía, realizábamos un ritual especial. John gritaba: "Colegas, ¿hacia dónde vamos?", y nosotros, desgañitándonos, le respondíamos: "Hacia arriba, John, hacia lo más salto", "¿Hacia lo más alto de qué?", "Hacia lo más alto de lo más alto, Johnny"».

Pero no fue esta ambición la que los llevó al éxito. En el año 1963 lograron, no obstante, lanzar su primer disco, un single. Sorprendentemente, ocupó el primer puesto en la lista de éxitos. Éste fue su primer éxito destacable, sin embargo, nadie lo percibió como un gran acontecimiento. La prensa consideró el éxito como algo pasajero y se olvidó del tema. Después de este disco se implantó un nuevo período de silencio y anonimato. Pero iba a ser la antesala de un gran fenómeno.

Al cabo de medio año la Beatlemanía se propagó como la pólvora. Primero por Inglaterra y luego prácticamente por todo el mundo. «Muchos países –escribe Hunter Davies– fueron testigos de una psicosis en masa que hasta no hacía mucho parecería inconcebible y que es poco probable que pueda volver a repetirse. Hoy ya nadie cree en ello, pero antaño todo esto fue real».

Algo parecido se repitió con la historia de Abba. En el año 1972 este flamante cuarteto no superó ni siquiera el proceso de selección para participar en Eurovisión. Sin embargo, en 1974 lo intentaron de nuevo y lograron una victoria arrolladora sobre los demás concursantes. A pesar de ello, nadie dio la más mínima importancia a este hecho. Se consideraba que los grupos portadores de la etiqueta eurovisiva eran como la canción del verano, no podían conseguir más de un superéxito. Y, como en el caso de los Beatles, tras ese éxito, sobrevino un olvido temporal. Pero no había pasado ni un año cuando una nueva y poderosa ola conquistó el mundo. Esta vez era la Abbamanía.

En ambas historias se observan dos claras regularidades. En primer lugar, la popularidad se manifiesta en una trayectoria ondulatoria. Primeramente, se pasa por un largo período de anonimato durante el que se constituye un pequeño aunque fiel grupo de fans. Posteriormente, tiene lugar un inesperado ascenso tras el cual llega el olvido como si la ola se alejara de la orilla para coger fuerza. Y finalmente, tras ese período en el cual no sucede nada, inesperadamente se forma una enorme ola de éxito arrollador. La popularidad puede mantenerse a un alto nivel durante un cierto tiempo, pero la ola inevitablemente desaparece, ya que aparecen nuevos péndulos que relegan a los péndulos precedentes a un segundo plano.

La característica más destacada es que las obras que posteriormente se convierten en grandes éxitos durante el primer período de anonimato no se perciben. Se escuchan pero no se les presta atención. Y posteriormente llega un momento cuando todo ello empieza a producir una sensación de total novedad, de innovación. El sonido adquiere un matiz de algo con mucho estilo y moderno. Y así todo el mundo, simultáneamente, llega a la misma conclusión: que es algo totalmente extraordinario.

Pero ¿de dónde dimana esta percepción general de novedad y estilo? Al fin y al cabo, ya en el año 1962 el sonido era el de los mismos Beatles, ¿por qué nadie les prestó atención?, ¿y por qué nadie se dio cuenta de la existencia de Abba en 1972 si sus canciones eran las mismas que posteriormente, de manera sorprendente, conquistarían el mundo entero en el año 1975?

Esto se explica por el hecho de que cada época tiene sus características distintivas, su sonido, su cariz, es decir, en otras palabras, *su carisma. Sin embargo, la nueva época no surge por sí misma sino que es atraída por la intención de la gente como una nube en el espacio de las variantes. Y el péndulo estabiliza esta intención colectiva.*

Primero se forma un grupo no muy numeroso de admiradores. Cada uno emite pensamientos en la frecuencia «esto me gusta». Surge un péndulo el cual unifica y sincroniza los pensamientos de los admiradores en una misma dirección, «esto nos gusta». En el espacio de las variantes, donde como se sabe están todos, existe un campo especial de sectores con una característica común, «nos gusta esto». La intención colectiva del primer grupo de admiradores dirige el movimiento de realización material hacia este campo. Como resultado, al cabo de algún tiempo la realidad adquiere el cariz de la nueva época. Cada vez se unen más admiradores y el péndulo adquiere fuerza. Finalmente, la intención colectiva supera a la masa crítica. Y la nube con el carisma de una nueva época abarca toda la realidad material. Esta nube, atraída por la intención homogeneizada de los partidarios del péndulo es la que crea el carisma especial de la nueva era.

Ahora tú, conociendo el mecanismo de surgimiento de las nuevas tendencias, puedes lanzarte a utilizarlo sin volver la vista atrás, al mundo, y servirte de tu legítimo privilegio: ser tú mismo.

Sólo de esa manera uno puede tener su oportunidad, proclamando su individualidad intrasferible al resto del mundo. Los péndulos no soportan las personalidades únicas y estarán obligados a hacer de ti una estrella. Deja de perseguir la sombra, empieza a moverte de manera independiente y así a los péndulos no les quedará otra que seguirte. Puedes perfectamente ser un legislador de la moda, ya que las características de tu alma son únicas, y en el espacio de las variantes ya está preparada, esperándote, una flamante nube individual. No esperes más y proclama la declaración de tu intención.

## Resumen

- *El objetivo y sentido de la vida de cualquier ser es el control de la realidad.*
- *El aburrimiento como tal no existe, existe sólo el constante e insaciable deseo de controlar la realidad.*
- *Las valoraciones, basadas en la comparación, producen polarización.*
- Las fuerzas equiponderantes alejan la polarización por medio del enfrentamiento de los opuestos.
- El objeto o la característica a los que se da una importancia especial atraen hacia sí objetos con cualidades opuestas.
- *La regla del péndulo es «Haz como yo».*
- *La regla del Transurfing: «Permítete ser tú mismo y al otro ser diferente».*
- *La polarización desaparece cuando se emplea la regla del Transurfing.*
- *Concienciación: en este momento no estoy durmiendo y soy claramente consciente de lo que hago, para qué y por qué lo hago precisamente así.*
- La primera ley del péndulo: un péndulo hace todo lo posible para aumentar la energía del conflicto.
- *Segunda ley del péndulo: un péndulo hace todo para la estabilización de su estructura.*
- *Los péndulos coordinan la existencia de estructuras organizadas.*
- *El sometimiento de la voluntad (de la intención): la estructura enseña a querer lo que es necesario.*
- Para librarse de la influencia vampirizante de la estructura es necesario elegirse el papel de espectador activo.
- *El proceso de la consecución del objetivo es el motor de la evolución.*
- *En la estructura, la persona se pierde y deja de comprender quién es y lo que quiere.*
- *La dependencia surge debido a que la flecha de la atención cae en el nudo de la captura del péndulo.*

- *Para «salir de la aguja» es imprescindible desviar la atención,* ocuparla en algo diferente, cambiar de escenario y decoración.
- *Es la intención de un grupo de personas la que atrae el carisma de una era, en forma de nube desde el espacio de las variantes.*
- *Al recibir cualquier crédito energético proclama tu declaración de intenciones para aprovecharlo.*
- *Al péndulo no se le puede ganar: hay que rechazar su peligroso juego o empezar uno propio, para convertirse en el favorito del péndulo.*
- *Para empezar el propio juego hay que permitirse ser uno mismo.*

## CAPÍTULO II

## EL SUEÑO DE LOS DIOSES

*Me preocupo por mi mundo*

### Dos aspectos de la realidad

Desde tiempos inmemoriales la gente percibe que el mundo actúa de manera ambigua. Por un lado, todo lo que ocurre a nivel material es más o menos comprensible y explicable desde el punto de vista de las leyes naturales. Por otro, cuando uno se encuentra con fenómenos de un plano etéreo, estas leyes ya no funcionan. ¿Por qué no es posible unificar los diferentes fenómenos de la realidad en un único sistema de conocimiento?

El mundo parece jugar al escondite con las personas sin querer descubrir su verdadera esencia. Apenas los científicos descubren una ley que explica un fenómeno, inmediatamente surge otro fenómeno que no encuadra en el marco de la ley anterior. Y esta carrera en busca de la verdad, esquiva como una sombra, se prolonga incesantemente. Y lo curioso es que el mundo no simplemente oculta su verdadero rostro, sino que está presto a adquirir el aspecto que la gente le confiere.

Esto es lo que ocurre en todas las ramas de las ciencias naturales. Así, por ejemplo, si imaginan un objeto del micromundo como una partícula, probablemente habrá experimentos que lo confirmen. Pero si imaginamos que no es una partícula sino una onda electromagnética, el mundo no lo cuestionará y gustosamente aceptará su decisión.

Igualmente podemos preguntar al mundo de qué sustancia está configurado, ¿de materia portadora de masa?, y el mundo asentirá, ¿o tal vez sea energía?, y de nuevo, la respuesta será afirmativa. En el vacío, como es sabido, tiene lugar un proceso continuo de surgimiento y destrucción de micropartículas, la energía se trasforma en materia y viceversa.

No vale la pena volver a preguntar al mundo qué fue primero, la materia o la conciencia, puesto que cambiará de máscara mostrándonos el lado que queramos ver. Representantes de diferentes escuelas polemizan demostrando puntos de vista opuestos, pero la realidad proclama un veredicto desapasionado: prácticamente todos tienen razón.

Resulta que el mundo no sólo es esquivo sino que también nos da la razón, en otras palabras, *actúa como un espejo. En él se reflejan literalmente todas nuestras concepciones de la realidad sin importar cuáles sean.* Pero entonces, ¿qué sucede?, ¿son vanos todos los intentos de explicar la naturaleza de la realidad? Después de todo, el mundo va a darnos siempre la razón con respecto a lo que sobre él pensemos y al mismo tiempo va a evitar constantemente cualquier respuesta directa.

En realidad, *todo es mucho más sencillo. No hay que buscar la verdad absoluta en manifestaciones aisladas de la realidad multifacética.* Es necesario sólo asumir el hecho de que la realidad se parece a un espejo dual, tiene dos lados: el lado físico, que se puede alcanzar con la mano, y el metafísico, situado fuera de los límites de nuestra percepción pero no por ello menos objetivo. Actualmente, la ciencia trata de lo que se refleja en el espejo y el esoterismo intenta verlo desde el otro lado. En eso se resume toda la controversia. ¿Pero qué se oculta realmente al otro lado de este doble espejo?

Al otro lado se encuentra el espacio de las variantes, estructura de información en la que se conservan los escenarios de todos los posibles acontecimientos. El número de variantes es infinito como infinita es la cantidad de posibles posiciones de un punto en la red de coordenadas. En ella está grabado todo lo que ocurrió, lo que ocurre y lo que va a ocurrir. Cualquier acontecimiento que tiene lugar en nuestro mundo real presenta una realización material de una de las innumerables variantes.

Esto parece difícil de creer. ¿Dónde se localiza el espacio de las variantes? ¿Cómo es esto posible? Desde el punto de vista de nuestra percepción tridimensional se encuentra en todas partes y al mismo tiempo en ningún sitio. Tal vez, está más allá de los límites del universo o puede estar en tu taza de café. En cualquier caso, no está en una tercera dimensión.

La paradoja es que *todos nos dirigimos hacia allí cada noche. Nuestros sueños no son, en absoluto, una ilusión en el sentido común de la palabra.* El ser humano adscribe a la ligera sus sueños al ámbito de la imaginación sin sospechar que *éstos reflejan acontecimientos reales que pudieron suceder en el pasado o van a suceder en el futuro.*

Es de sobra conocido que durante el sueño se pueden ver escenas que no parecen de este mundo. Además es claramente evidente que no se puede ver esto en ninguna parte. Si el sueño es una especie de imitación de la realidad generada por nuestro cerebro, entonces ¿de dónde surgen todas estas inimaginables escenas y representaciones?

Si convencionalmente se atribuye todo lo consciente de la mente humana a la razón y lo inconsciente al alma, entonces, *se puede decir que el sueño es el vuelo del alma en el espacio de las variantes. La razón no imagina sus sueños sino que realmente los ve. El alma tiene acceso directo al campo de la información, donde «todos los escenarios y decorados» se mantienen fijos como escenas de una película. El fenómeno del tiempo, es decir, el desarrollo de los acontecimientos, se manifiesta sólo durante el trascurso del movimiento de la «película».* La razón actúa en calidad de observadora y «generadora de ideas».

*La memoria tiene acceso directo al espacio de las variantes.* Está demostrado que el cerebro es incapaz de almacenar toda la información que la persona procesa a lo largo de su vida. ¿De qué forma puede recordar? En realidad, *el cerebro almacena no la información propiamente dicha, sino algo parecido a direcciones de los datos en el espacio de las variantes.*

*La razón no tiene capacidad para crear algo nuevo. Sólo puede crear una nueva versión de la casa a partir de viejos ladrillos.* La razón recibe todos los descubrimientos científicos y todas las obras de arte del espacio de las variantes con la intermediación del alma. La clarividencia y el conocimiento intuitivo surgen de ahí precisamente.

«Los hallazgos en la ciencia –escribe Einstein– no acontecen lógicamente, adquieren forma lógica sólo posteriormente cuando se formulan. Incluso el descubrimiento más insignificante es siempre un destello. El resultado viene desde fuera y surge tan inesperadamente que parece como si alguien te lo hubiera sugerido».

No se debe confundir el espacio de las variantes con la conocida concepción del campo de información común, en el que los datos pueden trasmitirse de un objeto a otro. *El espacio de las variantes es una matriz estable, una estructura que determina todo lo que hay y lo que pudiera ocurrir en nuestro mundo.*

La ciencia oficial todavía no está en condiciones de explicar ni confirmar la existencia del espacio de las variantes. Al contrario, intentará desacreditar por todos los medios el modelo del Transurfing, lo que no sorprende, puesto que la ciencia oficial es un típico péndulo. En general, la ciencia con todos sus indudables logros y méritos tiende a rechazar todo lo que no encaja en su marco. Al encontrarse con hechos inexplicables, va a salir del paso de una u otra forma acusando a sus adversarios de charlatanes, de falsificación de resultados o simplemente ignorando lo evidente con tal de mantenerse en su pedestal.

Sin embargo, hay una persona, el académico Vyacheslav Bronnikov, que puso a la ciencia en una situación totalmente comprometida al combinar lo totalmente improbable con lo más que evidente.

Los niños que estudian en la Academia Internacional de Desarrollo Humano fundada por Bronnikov poseen unas capacidades extraordinarias. Pueden ver tanto con los ojos cerrados como con ellos abiertos, pueden recordar una gran cantidad de información, poseen el don de la clarividencia y son capaces de ver en la distancia como un telescopio. Pueden también ver a través de las paredes, como si no existieran, lo que resulta difícil de creer, pero hay constancia de ello. ¿Cómo pueden lograrlo?

Al investigar los efectos de la visión directa, los neuropsicólogos describen sus observaciones como «que en la visión normal el aparato fija el lugar de entrada de la señal, el movimiento en el cerebro y su procesamiento. En la visión directa no se registra el lugar de entrada de la señal, no hay movimiento de señal en el cerebro, pero nuestros instrumentos detectan claramente el procesamiento de la señal. Todos nuestros intentos de bloquear la entrada de señales en el cerebro resultan vanos. Estamos descubriendo algo que, con sus parámetros físicos, presenta características que no están relacionadas con procesos electromagnéticos».

*Sucede que el cerebro puede ver por sí mismo, sin que interceda el aparato visual.* Además no se sabe cómo se recibe la información. ¿Cómo se puede entender esto? Bronnikov explica este fenómeno sugiriendo que *hay una conexión entre la conciencia de la persona y lo que él llama «superconciencia».* «La superconciencia es algo que se encuentra fuera de la persona, un tipo de ambiente», escribe Bronnikov. Probablemente ya has intuido que este ambiente se llama espacio de las variantes en el Transurfing. Además, ¿qué importa cómo se llame?, la esencia es la misma.

La mente, o si se prefiere el cerebro, «ve» lo que hay en el espacio de las variantes con la intervención del alma. Los ojos observan una realidad física. En la visión directa, el cerebro se conecta al campo metafísico de la información donde literalmente se conserva el molde de la realidad circundante. Al tener acceso a este banco de datos, se pueden observar los objetos independientemente de donde se encuentren, tras la pared, bajo tierra o a kilómetros de distancia.

En el espacio de las variantes hay ámbitos que se manifiestan en la realidad material así como otros que no se manifiestan. Para tener acceso directo hay que aprender a percibir necesariamente el sector materializado. Desde el punto de visita fisiológico, esto se puede interpretar como una sincronización especial de los dos hemisferios del cerebro. El académico Bronnikov elaboró todo un sistema de ejercicios especiales (y al mismo tiempo muy sencillos) que permiten a cualquier persona normal desarrollar estas capacidades. Tú mismo si lo deseas puedes encontrar esta información y probar. Todo esto es factible.

En el espacio de las variantes se almacena también información de todas las posibles variantes del pasado y del futuro, lo que significa que el acceso al espacio de las variantes abre la posibilidad de la clarividencia. El problema es que existen infinitas variantes, por lo que se pueden ver acontecimientos que no van a tener lugar. Precisamente por este motivo no es extraño que los videntes cometan errores en sus pronósticos, puesto que es posible ver lo que nunca ha ocurrido y aquello que nunca ocurrirá.

A este respecto no tienes que preocuparte, tu futuro no lo conoce nadie, puesto que nadie está en condiciones de determinar qué variante realmente va a manifestarse. Del mismo modo, tampoco hay ninguna garantía de que en sueños puedas ver precisamente aquel sector del espacio que va a manifestarse en la realidad.

Esto es maravilloso, puesto que *si el futuro no está fatalmente predeterminado, significa que siempre podremos esperar lo mejor. La misión del Transurfing no es mirar al pasado con pesar o al futuro con recelo, sino configurar intencionadamente nuestra realidad.*

La energía de los pensamientos en determinadas circunstancias es capaz de materializar uno u otro sector del espacio de las variantes. En el estado en el que el Transurfing se denomina *unidad de alma y razón* surge una fuerza mágica incomprensible, la intención exterior que es la que convierte la posibilidad potencial en realidad. Todo lo que se suele adscribir a la magia tiene una relación directa con la intención exterior. Con la ayuda de esta fuerza, los magos de la Antigüedad erigieron las pirámides de Egipto y crearon otras obras maravillosas.

La intención se denomina exterior puesto que se encuentra fuera de la persona y por tanto no sujeta a la razón. Aunque es cierto que *en un determinado estado de conciencia uno puede tener acceso a ella*. Si la voluntad se somete a esta potente fuerza, es posible crear cosas sorprendentes. Sin embargo, el ser humano contemporáneo hace tiempo que perdió las capacidades que poseían los habitantes de antiguas civilizaciones como la Atlántida. Los vestigios del antiguo conocimiento llegan hasta nuestros días en forma de enseñanzas y prácticas esotéricas dispersas. Es bastante difícil usar estos conocimientos en la vida cotidiana.

De todas formas, la situación no es desesperante. En el Transurfing existen métodos indirectos, dando un rodeo, con cuya ayuda, no obstante, es posible hacer trabajar la intención exterior. El ser humano es capaz de conformar su realidad. Pero para esto es necesario seguir ciertas reglas. La mente humana común intenta sin éxito manipular el reflejo del espejo cuando en realidad es necesario cambiar la imagen misma. La imagen es la dirección y el carácter de los pensamientos de la persona. Para convertir lo deseado en realidad no es suficiente sólo con el deseo. Es necesario saber cómo manejar el espejo dual. Y tú aprenderás a hacerlo.

Aunque primero hay que desmontar totalmente el monolito del así llamado «sentido común», que, en realidad, no existe como tal. Si se acepta la existencia simultánea de dos aspectos de la realidad, la física y la metafísica, los viejos estereotipos se diluyen. Pero, en cambio, la imagen del mundo se ve mucho más nítida. El dualismo actúa como una parte inherente de nuestra realidad. Así, el alma tiene relación con el espacio de las variantes mientras que la mente la tiene con el mundo material. La intención interior tiene relación con la actividad material, mientras que la exterior la tiene con los sectores virtuales del espacio de las variantes.

Cuando entran en contacto en la superficie del espejo dos de estos aspectos de la realidad, surgen fenómenos que se suelen designar como fenómenos paranormales o, al menos, inexplicables. Un ejemplo ilustrativo del contacto de estos dos aspectos es el dualismo onda-partícula, que es cuando un microobjeto se comporta bien como onda o bien como partícula. El surgimiento y la aniquilación de las micropartículas en el vacío es un ejemplo más del estado límite en el cual la realidad fluctúa entre la forma física y la metafísica.

Sin embargo, el ejemplo más sorprendente somos nosotros mismos, *seres vivos combinando al mismo tiempo lo material y lo espiritual*. Hasta cierto punto, vivimos en la superficie de un espejo gigante, en uno de cuyos lados se encuentra nuestro universo material y en otro se extiende el negro infinito del espacio de las variantes.

En una situación tan especial sería al menos poco perspicaz vivir sólo en los marcos del mundo cotidiano y usar sólo uno: el aspecto físico de la realidad. Si aprendes a tratar con el espejo dual del mundo, podrás realizar todo lo que antes le parecía irrealizable. Sólo tienes que convencerte de que tus posibilidades están únicamente limitadas por tu intención.

## Soñar despierto

Cuando una posibilidad potencial se convierte en realidad, la superficie del espejo dual muestra un cuadro simétrico. En un lado del espejo se halla el sector del espacio metafísico de las variantes y en el otro, su realización material. Además, todos los seres vivos se equilibran en el contorno del espejo, ya que su cuerpo y su mente se relacionan con el mundo material y el alma se mantiene inseparable del espacio de las variantes.

Todos venimos a este mundo desde el espacio de las variantes y regresamos a él, como si fuera entre bastidores, para cambiarnos de ropa y aparecer de nuevo en la superficie del espejo con un nuevo aspecto. En este teatro de máscaras los actores se mueven en un ciclo incesante de roles. Tras haber desempeñado un rol, el actor inmediatamente se dirige a bastidores, se pone otra máscara y entra de nuevo en escena habiendo olvidado totalmente lo que había ocurrido hasta el momento de su última aparición. *El actor se entusiasma tanto con su personaje que pierde la noción de quién es él en realidad.* Pero a veces la venda cae de los ojos y la persona, con asombro, se da cuenta que ésta no ha sido, ni mucho menos, su primera vida.

El catedrático de psiquiatría americano Ian Stevenson recogió más de dos mil quinientos casos registrados del recuerdo de una experiencia de vidas anteriores, fundamentalmente entrevistas a niños. Los niños, sin recurrir a la hipnosis, describieron su vida en un lejano pasado en otros países.

En sus libros, Ian Stevenson cita casos muy curiosos. Una historia realmente singular es la de dos hermanos gemelos que hablaban entre ellos en una lengua desconocida. Al principio, se pensaba que era un balbuceo. Todo trascurrió normalmente hasta que los niños cumplieron tres años y los padres comprendieron que esto no era realmente un balbuceo. Los niños fueron examinados por lingüistas y éstos descubrieron, no sin asombro, que los gemelos hablaban en arameo antiguo. Esta lengua era una lengua muy hablada en la época de Cristo, pero actualmente es una lengua muerta.

Otro caso es el de una niña yugoslava que al enfermar pasó algún tiempo inconsciente. Al recuperar la conciencia no reconocía a sus familiares y empezó a hablar en una lengua extraña. Los especialistas descubrieron que era un dialecto bengalí. La niña insistía en ser llevada a casa, a la India. Cuando la pequeña llegó a la ciudad nombrada por ella, reconoció su casa aunque sus padres y «ella misma» hacía tiempo que habían muerto.

Hay multitud de este tipo de historias con niños. Pero algo parecido también puede ocurrir con adultos. Por ejemplo, el caso de una mujer de veintisiete años que viajando con su marido por Alemania descubrió que conocía esos lugares perfectamente aunque nunca había estado allí. Incluso vio su casa y recordó los nombres de sus padres y hermanos. En un bar local, la mujer reconoció a un anciano, amigo de la familia, que le contó la trágica historia de un caballo que coceó y mató a su hija pequeña. La mujer añadía todo tipo de detalles al relato del anciano.

Andrey Donimirski, en su libro *¿Sólo se vive una vez?*, describe los experimentos llevados a cabo por el psiquiatra inglés Arnold Bloxham, quien basándose en la hipnosis hacía regresar a sus pacientes a vidas pasadas. Una de sus pacientes contó detalladamente sus seis encarnaciones anteriores. En la primera había sido la esposa de un tutor de un gobernador romano, después la mujer de un usurero judío, luego una sirvienta en la casa de unos mercaderes, más tarde había sido dama de compañía de una infanta española de Castilla, modista en Londres y monja en un estado americano. Y todo esto en el trascurso de dos mil años. Los historiadores comprobaron meticulosamente todas las fechas y acontecimientos y todo se confirmó.

Si se consideran todos estos hechos conjuntamente, entonces prácticamente no hay duda de que la reencarnación realmente existió. Se presenta sólo un problema: ¿por qué los recuerdos de vidas pasadas se manifiestan sólo en casos excepcionales y en relativamente poca gente? Básicamente tiene lugar en la primera infancia y con el tiempo se borra de la memoria.

Pero realmente no es que los recuerdos se borren, sino que se bloquea la conciencia de la persona. Cualquiera puede recordar sus anteriores encarnaciones si se despierta en esta vida, lo cual es similar a soñar despierto. Se sabe que hasta los cuatro años los niños son incapaces de distinguir el sueño de la realidad. Quizás uno recuerde sus vidas pasadas, pero no tiene la oportunidad de tomar conciencia de ello porque se le impone una «sensata» percepción del mundo.

Además, nadie tiene recuerdos antes de los cuatro años. ¿Por qué crees que es así? ¿Porque el niño es «irracional» y todavía no tiene conciencia de sí mismo? Éste es un gran y común error. En realidad, la conciencia infantil está mucho más desarrollada que la de los adultos. Así que es al contrario, los adultos se sumergen en los sueños que tienen al soñar despiertos y por eso no recuerdan ni sus vidas pasadas ni a sí mismos en su temprana infancia. Veamos cómo sucede esto.

Al renacer en un nuevo cuerpo, el alma retrocede a un segundo plano al tiempo que la mente ocupa una posición dominante. ¿Y qué es la mente humana? En el momento del nacimiento es una hoja de papel en blanco en la que se puede escribir lo que se quiera. Desde el mismo momento del nacimiento en esta hoja se traza una carta astral, y a partir de ella, la persona se percibe a sí misma y percibe su realidad circundante. Y cuanto más específica y detallada sea esta plantilla, mayor será la distancia entre el alma y la mente. La persona reconoce la realidad tal como le enseñaron a hacerlo.

La conciencia se puede dividir en dos niveles: el primero es la atención y el segundo, la percepción. El niño, nada más nacer, tiene una percepción totalmente nítida. *El potencial del niño para el conocimiento intuitivo y la clarividencia es muy amplio. En otras palabras, posee acceso directo a la información del espacio de las variantes y percibe el mundo tal cual es.*

Sin embargo, los adultos «videntes» cogen inmediatamente al recién nacido y lo someten a los estrechos marcos de su visión que consideran como existencia consciente. Esto se consigue al limitar la libertad y fijando su atención. Al niño se le obliga a centrar su atención en los atributos de la realidad material: «¡Mira para aquí!», «¡Escúchame!», «¡No hagas eso!», «¡Haz esto!». Al capturar la atención, se reduce drásticamente el ámbito de la percepción, se pierde conciencia, y el individuo se trasporta a un estado que en casi nada se diferencia de un sueño inconsciente.

En realidad, *si la atención está concentrada en un pequeño espectro de cosas, uno anda como con la mirada clavada en el suelo y sin posibilidad de mirar a su alrededor.* La plantilla de la concepción del mundo, a su vez, sitúa al individuo en el lecho de Procusto de los estereotipos que determinan «cómo debe ser todo». En un sueño inconsciente tal fijación de atención y percepción alcanza su máximo grado. Uno acepta la situación tal cual es, sobreentendiendo que se es totalmente incapaz de influir en el curso de los acontecimientos. Como resultado te encuentras totalmente a merced de las circunstancias, el sueño «tiene lugar» y ya no se puede hacer nada. El escenario se desarrolla espontáneamente en función de las *expectativas y temores*. Las expectativas y pensamientos discurren de manera incontrolada.

En un sueño consciente, el nivel de conciencia es mayor, y se puede influir en el transcurso de los acontecimientos con fuerza de voluntad. Tan pronto como la persona comprende que es sólo un sueño, empieza a desarrollar increíbles habilidades. En un sueño consciente no hay nada que no se pueda realizar, es posible controlar los acontecimientos y realizar cosas increíbles como, por ejemplo, volar. Y esto, simplemente, porque la atención y la percepción se han liberado de la fijación, es como si la persona levantara la cabeza, mirara a su alrededor y fuera consciente de su situación.

Cuando uno está despierto, por muy extraño que parezca, el nivel de conciencia disminuye de nuevo. Los pensamientos en la mayoría de los casos fluyen espontáneamente. Se salta de un tema a otro. Lo que inquieta, preocupa o irrita son cosas que dominan la conciencia y constantemente te atormentan de una u otra manera. El desarrollo de tales pensamientos es difícil de controlar. Las peores expectativas y las reacciones negativas, a pesar de la voluntad de la persona, conforman su realidad. La percepción y la atención se afianzan con problemas, circunstancias y pensamientos negativos. Como resultado, la persona se sume más en sus preocupaciones, como en un sueño que uno tuviera estando despierto. De esa forma se hace «adulto».

Un individuo adulto considera que los niños son irracionales, puesto que éstos no se registran en su sueño. Al niño por supuesto que hay que enseñarle cómo existir en condiciones nuevas para él. Pero tras esto hay una inevitable paradoja: cuanto mejor se aprenden las normas de comportamiento en los estrechos márgenes del mundo material, tanto más decrece el nivel de conciencia, lo que implica una pérdida en la capacidad de influir en el transcurso de los acontecimientos y de percibir la vertiente metafísica de la realidad.

Los adultos se convirtieron en cautivos de sus juegos y, consecuentemente, también de las circunstancias desde el momento en el que empezaron a percibirlos en serio y sumirse en sus problemas. El niño, en cambio, es el dueño y señor de su juego. Su conciencia es mayor porque continuamente recuerda que lo que hace es sólo un juego. Sus niveles de importancia están en un nivel bajo, puesto que entiende que sólo es un juego. Y actúa con distanciamiento, actuando como espectador, puesto que reconoce de nuevo que es sólo un juego.

Para los adultos, los juegos se terminaron, la vida es algo serio. Por una parte esto es cierto, pero por otra, tal actitud convierte la existencia en un soñar despierto inconsciente. Por supuesto, la persona es consciente de que en ese momento no duerme sino que está en vela. ¿Pero en qué varía? Puesto que los deseos no se realizan, los sueños no se cumplen y, sin embargo, como si fuera adrede, se confirman las peores expectativas. La vida fluye por sí misma, al azar, y no como se quiere. Y así resulta que en un sueño consciente, la persona controla su realidad, pero si uno tiene un sueño cuando está despierto, se encuentra desprotegido. Todo es relativo.

La habilidad para controlar los sueños se manifiesta como resultado de reconocerse uno mismo en el sueño concerniente a la realidad existente. En ese estado de conciencia, la persona tiene un punto de apoyo, la realidad a la que puede regresar tras despertarse. La realidad, a su vez, es parecida a un sueño inconsciente que uno tiene mientras está despierto, la vida «acontece». La persona no recuerda sus anteriores vidas y no tiene puntos de apoyo en relación a los cuales uno pueda elevarse al siguiente nivel de conciencia.

En un sueño consciente uno recuerda quién es en realidad. Uno es quien tiene el sueño. Se imagina que puede despertarse y que todo lo que se está viendo desaparece. Pero también puede continuar en el sueño y con la intención dirigir el transcurso de éste.

Mientras no te des cuenta de que estás soñando y no recuerdes tu punto de apoyo, estás totalmente a merced del sueño, dependes de las circunstancias, permaneciendo en el corsé de la condicionalidad.

La diferencia entre sueño y realidad es que a esta última uno siempre regresa. Para determinar si es sueño o realidad, es necesario elegir un punto de referencia, ya que tanto el sueño como la realidad son relativos. Los sueños son irreales en relación a la realidad. ¿Y en relación a qué es irreal la misma realidad? ¿Dónde está el punto de referencia de la realidad?

Al morir, uno regresa al punto primigenio de referencia. Pero cada vez que uno nace, se olvida de este punto de partida y se sume en un nuevo sueño, una nueva vida. Si tú pudieras recordar quién eres en realidad, entonces reconocerías que eres capaz de dirigir este sueño tuyo que es la vida.

Realizar esto es sumamente complicado. La dificultad estriba en que para ello se exige sustituir el patrón de la percepción del mundo. Esta especie de plantilla está sellada en la mente y no se puede de ninguna manera borrar o modificar. Sólo se puede crear una nueva, adicional, para lo cual es necesario, ante todo, liberar, apartar la mente de todo lo anterior. La mente se desprende de su patrón cuando está en un estado alterado (de conciencia) lo cual acontece durante el sueño o bajo el influjo de sustancias psicotrópicas.

En un estado normal de conciencia, el alma y la mente están sincrónicamente coordinadas en un sector manifiesto del espacio de las variantes. La mente observa la realidad material como si mirara por una ventana. En estado ebrio o bajo la influencia de las drogas, la mente relaja su control, la sincronía se rompe y el alma se desvía a un campo no realizable del espacio de las variantes. Como resultado, al encontrarse en el mundo real, la persona lo percibe de una manera totalmente diferente, dependiendo del nivel de desviación.

O dicho más sencillamente, un borracho puede ver perfectamente su casa o calle de una forma poco habitual igual que ocurre en un sueño. Su mente observa la imagen de los cercanos sectores no realizables del espacio donde el decorado es otro. Y ahí puede haber cualquier cosa. Por ejemplo, una persona no puede encontrar la puerta porque no la ve en el lugar de costumbre. El lugar puede tener un aspecto horroroso como si estuviera en obras, por lo que reconocerlo es casi imposible. La gente conocida puede tener un aspecto totalmente diferente. En la realidad todo está igual que siempre, pero la persona ebria ve escenarios irreales porque su percepción está «mirando» a otro ámbito del espacio de las variantes.

En un sueño inconsciente, el control de la mente se debilita todavía más y por eso sucede que el alma se aleja volando a sectores más lejanos, donde se encuentra con inimaginables escenarios y decorados. Ahí todo es posible, desde un paraíso cubierto de nubes hasta un infierno tal, que el infierno que a todos nos resulta familiar de diablo y calderas nos parecería un balneario. La persona que tiene un sueño puede encontrarse en un mundo antropogénico, lleno de enormes y chirriantes mecanismos. O puede encontrarse en un mundo que recuerde a un matadero donde lo único que hay es suciedad y carne cruda por todos los lados. Uno puede toparse con una ciudad desconocida donde lo único que se puede hacer es deambular desesperadamente por calles desconocidas sin saber por qué uno fue a parar allí y a dónde ir. La gente en sitios así suele ser horrorosa y loca y los animales, salvajes.

Al despertar de un sueño de estas características, la persona experimenta un enorme alivio: ¡Dios mío, menos mal que esto ha sido sólo un sueño! Sí, es un sueño pero no una ilusión en el sentido habitual, sino una realidad metafísica no realizada. Y lo más espantoso de ello es que todos estos personajes virtuales pueden ver y hacer con uno lo que quieran en consonancia con sus temores y expectativas ¡Dios nos libre de caer atrapados en tal realidad!

Los astronautas que se encuentran en órbita también tienen sueños nada terrenales. Por ejemplo, Gennady Strekalov escribe en su diario: «Tengo sueños muy raros. A veces uno se sorprende, no hay ninguna motivación o comunicación de ninguna clase. Aparentemente, el cerebro, como un ordenador supercomplejo, falla debido a la fatiga o a que en él entró información desde fuera, del ámbito del mundo de la información donde todo está grabado y se almacena eternamente. Evidentemente, después de semejantes sueños, que no pueden generarse en el ámbito de la conciencia humana común, el postulado del Transurfing sobre la existencia del espacio de las variantes no sorprende en absoluto al astronauta.

El modelo de percepción humana está muy bien explicado en los libros de Carlos Castaneda y Theun Mares. Describen cómo lo representan los toltecas, los últimos seres originarios de la Atlántida. Según sus estudios, el ser humano está encapsulado en un capullo brillante y energético compuesto de multitud de filamentos. En un punto, a la altura del omóplato, todos los filamentos se unen en un único foco llamado «punto de ensamblaje». La posición del punto de ensamblaje determina la orientación de la percepción.

Si combinamos este modelo con la idea del Transurfing, entonces resulta que en una posición normal del punto de ensamblaje la persona percibe la realidad común. En tal posición, la realidad realizada coincide con el sector correspondiente del espacio de las variantes. Si el punto se desplaza hacia un lado, entonces la sincronía cesa y la persona puede percibir áreas no realizadas. El punto de ensamblaje en la gente común está firmemente fijado. Si por alguna razón la fijación se interrumpe y el punto empieza a «deambular», el individuo desarrolla la habilidad de la clarividencia. Y, por supuesto, el traslado del punto de ensamblaje es lo que determina la naturaleza de nuestros sueños. Y es importante que este foco de atención no se traslade sólo hacia un lado, sino que también vuelva a su posición original. En el peor de los casos, si se queda encerrado en una posición poco natural, en la mente ocurrirán cambios que se podrían considerar nocivos.

Si tú sabes cómo cambiar intencionadamente tu punto de ensamblaje, serás capaz de controlar la realidad de la misma forma que puedes controlar un sueño consciente. Esta capacidad se manifiesta por sí misma si restauras el punto de apoyo concerniente a la realidad, es decir, si te das cuenta de quién eres en realidad. Ésta es una tarea difícil. Los individuos famosos que han alcanzado la lucidez se pueden contar con los dedos de una mano. La lucidez al principio es parecido a ver las estrechas y aireadas callejuelas de una desconocida ciudad y después elevarse en el aire y, a vista de pájaro, ver todo el paisaje extendido ante tus ojos y que el camino a tu destino se percibe claramente.

El Transurfing no te eleva a la altura de vista de pájaro, pero te muestra el recorrido por el que podrás transitar con los ojos cerrados. Para despertarte en el sueño necesitas un punto de referencia. Tú percibes que esto es un sueño cuando recuerdas que hay una realidad diferente, la verdadera. En calidad de punto de referencia, puede actuar el conocimiento de que, en la vida, uno puede elevarse si no un escalón, al menos medio escalón de conciencia, lo que no es poco.

Vas caminando por la calle, hablando con alguien o envuelto en tus quehaceres. ¡Despiértate! Echa un vistazo a tu alrededor, mira serenamente lo que acontece. Tendrás la capacidad de usar tu intención para dirigir tu mundo en la dirección deseada. Tú puedes controlar tu realidad. Esto no se asemeja a lo que ocurre en el sueño, cuando la acción es muy flexible y cambia, sometiéndose al más mínimo movimiento de tu voluntad. La realidad material es inerte como el alquitrán, pero se puede controlar si se siguen los principios del Transurfing, y lo primero que hay que hacer es despertarse.

Conciénciate de que la realidad es como un sueño. Sólo en un sueño consciente serás capaz de controlar realmente la situación. Cuando duermes despierto, no estás controlando la situación, sino que luchas con los péndulos. *Baja al auditorio y observa. Actúa de forma distanciada, ofrécete en alquiler y permanece como observador.*

Para mantener el nivel de conciencia, es necesario controlar constantemente la dirección de tus pensamientos. Cuando se convierte en hábito, los harás automáticamente, sin esfuerzo. Después de todo, cuando te despiertas en tu sueño, ya no se te exige esforzarte para mantener tu conciencia de que esto es sólo un sueño. Del mismo modo, cuando estás despierto, puedes también aprender a controlar la dirección de tus pensamientos. Pero para hacerlo, tendrás que obligarte sistemáticamente a «despertarte» para adquirir la costumbre.

Cuando recuerdes en la realidad que tienes que actuar de forma distanciada, serás consciente de que bajas del escenario al auditorio o de que te quedas en el escenario como un espectador activo. Y esto es lo que constituye el medio escalón de conciencia, que es suficiente para llevar a cabo los otros principios del Transurfing, siendo el más importante como ya es sabido por el libro anterior: *el descenso del nivel de importancia, el movimiento por la corriente de las variantes y la coordinación.* Estos principios nos permiten movernos por el laberinto de las situaciones de la vida, incluso con los ojos cerrados, evitando todo tipo de problemas. Y más adelante te familiarizarás con otra poderosa herramienta para controlar la realidad: el espejo dual.

Para concluir con este tema, podemos hacernos una última pregunta: si en algún lugar, en el espacio de las variantes, hay un punto de apoyo antes de que tú renazcas en otra vida, en relación con el cual nuestra realidad pueda ser considerada un sueño, entonces ¿cuál es el comienzo de este punto de origen? Evidentemente, Dios. Dios Todopoderoso. *El alma de cualquier ser vivo es parte de Dios. Y cualquier vida es su sueño.* Podemos continuar preguntándonos: ¿tiene Dios un punto de apoyo?

Dejemos que otros que alimentan esperanzas se estrujen el cerebro con esta cuestión. Uno también puede preguntarse: ¿y hay algo más allá del universo visible? No lo sabemos, del mismo modo que las mariposas que recogen néctar en África nunca averiguarán que en América también existe y que las flores también crecen allí. ¿Acaso este mundo no es lo suficientemente maravilloso? ¿Por qué pedirle explicaciones para todo? Simplemente debemos disfrutar del néctar de las flores en cada uno de nuestros paseos.

## Los hijos de Dios

Desde tiempos remotos existe la costumbre profundamente arraigada de atribuir exclusivamente a los fieles cualidades positivas, mientras se culpabiliza a los ateos de todos los males posibles. Mejor dicho, fueron los devotos los que configuraron este estereotipo para sí mismos y al mismo tiempo para cualquier otra persona, como una especie de presunción de inocencia. Y esto a pesar de que en nombre de Dios se siguen cometiendo crímenes horrendos fundamentados en el supuesto de que se complace a Dios, como es la persecución de herejes. Pero la religión en sí no hace a las personas más piadosas.

¿De dónde obtienen los adeptos religiosos tal seguridad en su propia infalibilidad o, mejor dicho, en su ecuanimidad hasta tal punto que los ateos están dispuestos a aceptar esto respetuosamente? Parece que si creemos, asistimos a misa o rezamos, seremos el centro de todo lo espiritual y puro, mientras que los ateos están atrapados en sus pecados. Nosotros tenemos razón, pero vosotros no.

La fuente de esta confianza es el punto de apoyo que la persona obtiene en el péndulo de la religión. En él, uno tiene de todo: esperanza en la bondad divina, perdón de los pecados, liberación del sentimiento de culpa a través del arrepentimiento y fe en el reino de Dios y también esperanza en la ayuda divina y sentimiento de unidad con los hermanos de fe. Para los ateos vivir resulta en este sentido más complicado, sólo pueden contar con sus fuerzas y nada pueden hacer con su sentimiento de culpa.

Pero ¿cómo una persona que en principio cree en su rectitud moral ansía el encuentro con Dios? En muchos casos, no es el amor al Ser Supremo lo que lleva a los creyentes hacia Él sino el sentimiento de miedo e inseguridad. Hay gente que piensa que se dirige a Dios con toda su alma pero esto es sólo una ilusión. En realidad, intentan huir de su ego. No hay nada malo en el ego y no molesta mientras no lo ofendan. El ego surge de las relaciones de dependencia cuando la persona se compara con otro y descubre que dista de ser perfecta.

El único objetivo del ego es la confirmación de su propia relevancia. Si el ego no recibe esta confirmación, se ofende y la persona siente desasosiego emocional del que intenta liberarse. Y ¿cómo se hace esto? Si con el aumento de la relevancia el asunto no mejora, entonces sólo quedan dos medidas: o soltamos las riendas para que el ego salga al galope o lo asfixiamos. Los que eligen la primera alternativa se convierten en egoístas y quienes escogen la segunda en altruistas.

Bastante a menudo, con el objetivo de escapar del desasosiego de sentirse solo, en un intento desesperado, el ego empieza a rechazarse. El ego proclama que quererse a sí mismo es malo, que hay que querer a los demás. La persona da la espalda a su alma y se vuelve hacia Dios, hacia los demás, para dedicar su vida a alguien o a algo, para encontrar apoyo. O puede ocurrir lo contrario: el ego se vuelve agresivo, y entonces surgen delincuentes, canallas o cretinos. De esta forma, tanto los profundamente espirituales como los caídos en desgracia, son producto del ego, sólo que con polaridades opuestas.

Tal vez pienses que si te vuelves hacia Dios te desprenderás de tu ego. Pero la paradoja es que es tu propio ego el que te empuja hacia él. Y Dios no está fuera, sino dentro de ti. Una pequeña parte de Dios está en cada ser vivo y es así como rige todo el mundo. El ego venera un símbolo abstracto pero vuelve la espalda a su alma, es decir, al verdadero Dios. Cristo, Mahoma, Buda, Krishna son manifestaciones supremas de Dios. El ser humano no es una manifestación suprema pero es parte de tal manifestación. ¿Resulta entonces que una manifestación venera a otra?, ¿quién tiene necesidad de esto?

Aspirar a Dios con el objetivo de liberarnos de nuestro ego es el camino para la importancia interior. La importancia interior aparece sólo en caso de que se permita ser juzgado por los demás. Volverse hacia uno mismo sin fijarse en los demás es el verdadero camino a Dios. Si me libero de la necesidad de fijarme en otros, entonces soy autosuficiente y mi ego deja de existir y queda sólo la personalidad integral. No escuches a quien te incite a cambiar para que te amoldes a ciertos estándares. Te obligan a traicionarte: dar la espalda a tu alma y seguir la regla del péndulo: «Haz como yo». Vuélvete hacia ti mismo, acéptate tal como eres, permítete ser tú mismo, tómate el derecho a tener razón. Dedicarse a servir a un Dios abstracto significa dar la espalda a tu propia alma. Esto no es sino la adhesión al péndulo de la religión.

Tal es la teosofía del Transurfing que, por cierto, no obliga a nada. Yo no proclamo verdades absolutas, simplemente trato de descubrir ciertas regularidades. Cada uno es libre de sacar sus propias conclusiones.

Claro que a las autoridades religiosas no les agradan los razonamientos de este tipo. Aunque entre ellos también se puede encontrar gente con diferentes convicciones. Lo que diferencia a los fervientes seguidores del péndulo de la religión de los verdaderamente religiosos es la manera maliciosa de oponer sus dogmas a los demás. Es esta insistencia agresiva la que delata al seguidor del péndulo. Afortunadamente, ya ha pasado la época en la que estos partidarios podían quemar en la hoguera a los herejes. Pero la discordia en el ámbito religioso todavía existe y seguirá existiendo mientras nadie derogue la primera ley del péndulo.

En esencia, la religión es la comunicación con Dios por medio de intermediarios. Uno no puede bautizarse, casarse o enterrarse sin la presencia de un sacerdote. Pero luego esto no es tan indispensable. ¿Acaso Dios no aceptará a sus criaturas sólo porque no han sido bautizadas en su momento? Si una pequeña parte de Dios existe en nosotros, ¿no somos nosotros sus hijos?, ¿necesitas intermediarios en tus relaciones con tu padre o tu madre? Cada uno decide este asunto por sí mismo.

La religión es para sus adeptos un péndulo especialmente rígido y los exhorta a renunciar a los placeres mundanos. Habitualmente, toda vía espiritual suele estar asociada a un estilo de vida ascético.

Existe la opinión de que si los «iluminados» consiguen llegar a lo máximo en su camino hacia la perfección espiritual, entonces todo lo terrenal les deja de interesar. No caigas en esta trampa. Todo el mundo puede y debe estar interesado por su comodidad y bienestar material. Si esto no ocurre significa que la persona se encuentra totalmente bajo el influjo de una idea. Esta idea probablemente pertenezca a uno de los péndulos: el religioso, el filosófico o cualquier otro péndulo «espiritual».

Los péndulos en correspondencia con su segunda ley tratan de obligar al adepto a dedicarse completamente a los intereses de la estructura. Si la persona ha picado el anzuelo, entonces dejará verdaderamente de interesarle todo lo demás. Puede encontrarse incluso bajo el influjo de una ilusión que se ocupa exclusivamente de su alma o «conversa con Dios». En realidad, el alma del «iluminado» está encerrada en una cámara aislada sin posibilidad de manifestar sus necesidades.

¿Para qué vino el alma a este mundo espiritual? ¿Para prepararse para una vida no terrenal en el cielo? Esto es absurdo. Si el alma llegó a este mundo desde el cielo, entonces ¿para qué tiene que prepararse de nuevo para una vida celestial? ¿Y tal vez sea posible realizar esto en la Tierra? Esta vida terrenal es para el alma una oportunidad única. Vino precisamente del mundo espiritual para conocer todas las maravillas del mundo material. Para regresar al mundo espiritual siempre va a tener tiempo. ¿Qué sentido tiene privarla de todo lo que ofrece este mundo magnífico, maravilloso y sorprendente en el que hay tantas fascinantes tentaciones?

Al entregarse sólo para servir a Dios, uno se aleja de Él. El Creador produce una miríada de realidades por medio de seres vivos como encarnaciones suyas. Dios es capaz de experimentar todas las dimensiones de la realidad que Él ha creado. Por eso Él envía a sus hijos a este mundo material. Dios te ha dado libertad de acción, así que disfruta de tu libertad. No hay que pasarse largas horas rezando encerrado en una celda. Esto no es servir a Dios, sino privarte de la felicidad que puedes recibir de una vida plena. Es como prohibirle a un niño pasear, obligándolo a estudiar todo el tiempo.

Los adeptos a los péndulos de la religión van a tratar de inculcarte que eres incapaz de realizar cualquier cosa y que Dios es todopoderoso. La estructura no obtiene nada de nuestra libertad y energía, necesita unos laboriosos tornillos. No es poco lo que han conseguido los péndulos en el proceso de opresión de la voluntad humana. Lo único que podemos hacer es sorprendernos de la enorme influencia que tienen para que los hijos de Dios hayan perdido toda noción de su poder.

Al ser humano se le dio inicialmente el poder de configurar un estrato de su mundo por medio de la materialización de las variantes potenciales del espacio metafísico en la realidad material. Los péndulos lograron no sólo sustraer a la gente el conocimiento de sus capacidades, sino incluso distorsionar el sentido de la vida misma al reemplazar el *servir* a Dios por *la adoración.*

Es poco probable que Dios necesite adoración. ¿Acaso tú necesitas la adoración de tus hijos? Probablemente preferirías que tuvieran buenos amigos. En realidad, el objetivo de la vida y también el mismo proceso de servir a Dios consiste en la creación conjunta con Él.

Mucha gente piensa que lo único que se les pide es tener fe en Dios. Creen en su existencia y poder. ¿Y qué? Pero si ellos no entienden a Dios, Él es para ellos un ídolo abstracto, inaccesible e incluso a veces temible. Se les inculcó que hay que adorar a Dios, obedecer su mandato y llevar una vida piadosa para prepararse para algo que nadie es capaz de explicar adecuadamente.

Pero fe no significa comprensión. Rezar no es comunicarse con Dios. *El lenguaje de Dios es la creación.* Se puede aceptar o no esta afirmación, pero no tiene ningún sentido discutir o debatir este tema. No es un tema filosófico, sino una cuestión de elección. Por lo que no hay nada más que añadir.

Al configurar el estrato de tu mundo, tu realidad, tú te comunicas con Dios. Cuando te sientes satisfecho de tu creación, Dios se alegra contigo. En eso consiste servir verdaderamente a Dios. Y la fe en Dios es ante todo fe en uno mismo, creer en la capacidad de tus posibilidades como creador. Todo ser humano posee una partícula del Creador. Proporciónale felicidad. Según creas tú en tus posibilidades, así creerás en Dios y, consecuentemente, se cumplirá lo dicho por Él: «Uno recibirá acorde a su fe».

## El teatro de los sueños

Como ya se ha mencionado al principio de este libro, el motivo esencial que subyace en la base del comportamiento de cualquier ser es la necesidad, en cierta medida, de poder tomar decisiones sobre su vida de manera autónoma. Cualquier actividad con algún fin o proceso se puede caracterizar en líneas generales como control de la realidad. Independientemente de lo que haya acontecido en la vida o de la existencia que haya tenido, todo se reduce finalmente a una única tarea: tomar de alguna u otra manera la realidad circundante bajo nuestro control.

¿Y de qué se ocupa Dios? La respuesta a esta pregunta es obvia y no requiere argumentos. La creación y el control de la realidad son el objetivo y el sentido de cualquier vida. La función dirigente de Dios no crea dudas, la cuestión es sólo cómo lo realiza.

Desde que los péndulos de la religión distorsionaron el concepto mismo de Dios, todo lo relacionado con Él se encuentra envuelto en un misterio extraño y contradictorio. Es como que Dios existe pero al mismo tiempo nadie lo ve. Por un lado, Dios dirige el mundo, pero por otro, su actividad no se manifiesta de manera evidente, de lo que resulta que Él existe, pero no está; Él no está, pero Él existe. Esta paradójica situación permite a los péndulos interpretar y usar el concepto de Dios como a ellos les resulte beneficioso.

Sin entrar en detalles, se puede decir que el principal motivo de tergiversación de la esencia verdadera de Dios es una serie de cambios llevados a cabo por las religiones. Convirtieron el servir a Dios en adoración y la evidencia de su existencia fue sustituida por una fe ciega. Los péndulos proclaman la impotencia del ser humano al contraponerlo al Dios todopoderoso. Y han reducido a la nada la original naturaleza divina del ser humano al romper su antigua unidad con el Creador.

De esta forma, a la persona, como si fuera un niño secuestrado, se la privó de la unión con el Padre y le hicieron olvidar su verdadero origen e incluso su misión. Como resultado, la persona perdió toda noción de su capacidad y poder de actuación en calidad de creador junto con Dios Todopoderoso. Al hijo de Dios se le inculcó que no podía regir su destino, que era su deber honrar a su Padre desde la distancia y adorarlo como a un ídolo. La criatura, supuestamente, es incapaz de hacer nada y no tiene ningún derecho, toda su vida está bajo el poder de su despótico Padre, que sólo muestra compasión a condición de que uno obedezca incondicionalmente, sometiéndose.

Al haberse doblegado a la influencia de los péndulos, el ser humano fue apartado del digno papel que se merecía y entró al *servicio* de éstos. Y no estamos hablando sólo de los péndulos de la religión como tales. El ateísmo es también un tipo de religión, sólo que actúa de otra forma. Aquí, la fe se convierte en ignorancia, la ignorancia en negación y la negación en rechazo activo. Pero no importa cuál sea la percepción del mundo que la persona elija, su situación, en esencia, no varía: el péndulo religioso deja su destino en manos de Dios y el ateísmo en manos de una especie de providencia o en poder de las circunstancias, contra las que es habitual luchar.

Y en uno u otro caso, a la persona se le asigna el nada envidiable papel de marioneta: o reza y espera la benevolencia de Dios, o entra en la batalla y lucha contra los obstáculos porque nada se da gratis. Y no importa lo que haga la persona, a pesar de todos sus esfuerzos, continuará en poder de los péndulos y de las circunstancias hasta que sus acciones no salgan de los límites de la intención interior.

*Siempre obtenemos lo que elegimos.* Si piensas que tu destino es deambular por un espeso bosque, entonces tendrás que abrirte paso entre la maleza. Y si te atreves a pensar que puedes llegar al cielo, entonces te elevarás sobre el bosque y volarás libremente. Nada te retiene, excepto tú mismo.

Pero la persona no puede creer que puede obtener todo tan fácilmente, sin ninguna condición, con la ayuda de la intención exterior, a no ser que reconozca y acepte su naturaleza divina. Hacerlo no es fácil, puesto que la naturaleza misma de Dios está totalmente distorsionada: de Creador lo convirtieron en Dirigente, al que hay que rezar. ¿Y qué hace un dirigente? Actúa en calidad de juez, administra justicia, castiga, reparte en función de los méritos de cada uno, ordena y, finalmente, ayuda y se preocupa por sus súbditos.

Pero en realidad, nosotros no vemos nada de esto. En realidad, lo que hay es una completa arbitrariedad y anarquía. Las personas honradas sufren mientras que los transgresores impunemente cometen todo tipo de atropellos. La justicia «triunfa» sólo en contadas ocasiones. Los ruegos y las oraciones no producen el resultado esperado. Aunque sería de esperar que Dios aceptara los ruegos y restableciera la justicia, puesto que, al fin y al cabo, es Todopoderoso, ¿no?

Para explicar una discrepancia tan evidente, los adeptos a los péndulos tratan de interpretar lo acontecido de una forma determinada para adaptar el escenario al papel que le han adscrito a Dios. Se sirven de todo tipo de invenciones y estratagemas: «Así lo quiere Dios», «Cada uno responderá ante Dios de sus acciones». Se podría pensar que la gente es como un niño travieso que se ha escapado de su maestro y que se dedica a hacer todo tipo de travesuras hasta que el maestro lo encuentra y le pone un castigo ejemplar.

¿Y cuál es entonces la intención de Dios si uno hace caso omiso a todas las conjeturas? No vamos a adivinar o filosofar para responder a esta pregunta, sino que simplemente constatamos el hecho una vez más de que la intención de todo ser vivo, de alguna u otra manera, se reduce a controlar la realidad. Ni la aplicación de la justicia, ni el cumplimiento de deseos y peticiones, ni las recompensas según los méritos, ni el castigo ni preocuparse por las personas o dirigirlas, sino que es el control de la realidad lo que ocurre realmente.

Nadie puede hacer lo que Dios no quiere. Todo tiene lugar bajo su control. Sólo que este control Él no lo ejerce sentado en un trono, sino por medio de todos los seres vivos. ¿Acaso Dios puede controlar el mundo hallándose fuera de él? Todo ser lleva en sí una parte de Dios y por lo tanto la intención de un ser independiente no puede diferir de su intención.

Al poner el alma como parte de sí en cada uno de los seres vivos, Dios les asigna la capacidad de controlar la realidad en la medida de su conciencia. Todo ser posee conciencia en un cierto grado, desde las personas hasta los minerales. Por supuesto, la persona está situada en el nivel más alto de conciencia, pero de esto no se deduce que las piedras no tengan su existencia, sólo que ésta discurre en otra dimensión temporal. Todo lo que sucede en la realidad aporta su grano de arena para controlarla. Los ríos tienden el camino para que discurra el cauce, las montañas se erigen entre llanuras, los desiertos, bosques, la tierra y el mar se conquistan mutuamente territorios, todos poseen una fracción de conciencia y tratan de controlar la realidad. Y cuanto más alto es el nivel de conciencia, tanto mayores son las posibilidades para su control.

Tomemos el ejemplo de las plantas. Son algo corriente y al mismo tiempo enigmático. Nadie puede negar que son seres vivos, pero a muy pocos se les ocurre considerarlas vivas en el pleno sentido de la palabra. Consideramos las plantas como un material biológico sin alma, incapaces de sentir y tener conciencia de sí mismas y de lo que hay a su alrededor. En esto se encierra un gran error. Las plantas tienen un tipo especial de sistema nervioso, sus células se intercambian potenciales eléctricos. Estos seres extraordinarios pueden ver, oír, sentir cuando se los toca, percibir el gusto y el olor.

Además, pueden relacionarse entre sí, recordar, analizar e incluso sufrir.

El investigador americano Cleve Baxter realizó en una ocasión un experimento instalando un detector de mentiras a una planta. En el experimento participaban dos personas: uno rompía las ramas y arrancaba las hojas y otro la cuidaba y le hablaba cariñosamente. Y la planta aprendió a distinguir a estas dos personas. Cuando en la habitación entraba el «malo», la planta «emitía un chillido» que en la grabación se registraba un salto de frecuencia, y cuando entraba el «bueno» se tranquilizaba. Como resultado de sus experimentos, Baxter llegó al convencimiento de que las plantas son capaces de captar las vibraciones electromagnéticas e incluso los pensamientos. Aunque el participante en el experimento sólo tenga la idea de arrancar una hoja, la planta inmediatamente sufre una fuerte reacción. Los experimentos de Baxter fueron realizados en otras ocasiones por otros científicos y siempre con los mismos resultados.

En un laboratorio donde se realizaban experimentos similares, una planta de interior demostró claros indicios de un sentimiento similar al amor. Una ayudante de laboratorio, al efectuar un encefalograma de la planta, notó que ésta «ronroneaba» cuando la regaban y le decían palabras cariñosas. Tan pronto como la ayudante entraba en la habitación, la planta experimentaba un gran deleite y no reaccionaba así ante otras personas. Cuál fue el asombro de la investigadora al ver que la planta mostraba celos. En el momento en que la persona objeto de su amor empezó a flirtear con una persona del sexo opuesto, la planta cayó en un estado muy parecido a lo que denominaríamos depresión.

Pero para qué hablar de las plantas si incluso el ADN presenta rudimentos de reacciones primitivas. La emisión de moléculas de ADN, localizadas en un espectrómetro, contiene información no sólo de su estructura sino también sorprendentemente de su «estado de ánimo». Cuando las moléculas se encuentran bien, la emisión es normal. Cuando la cámara del espectrómetro se calienta, empiezan a «gritar» reaccionando al exceso de calor. A una temperatura determinada, las moléculas se destruyen y mueren. Pero lo más sorprendente de todo es que incluso en una cámara vacía, donde fueron eliminadas moléculas de ADN, se oyen durante cuarenta días «sus gritos de muerte», el espectrómetro registra la emisión fantasmal de las moléculas muertas, que ya no existen físicamente. Estos resultados fueron obtenidos por primera vez a mediados de los años ochenta por el científico ruso Petr Gariaev, que trabajaba en esa época en el Instituto de Física Aplicada de la Academia de Ciencias de la Unión Soviética. Aunque hay que subrayar que la ciencia oficial considera estos experimentos, como era de esperar, de una manera muy escéptica.

Las plantas no pueden gritar a viva voz y tampoco están en condiciones de manifestar sus sentimientos, sufrimientos o reclamar derechos. Simplemente las plantas, en comparación con las personas, se encuentran en un profundo sueño. Son como un ser dormido que sonríe cuando en el sueño reconoce una voz cariñosa y agradable y se sobrecoge cuando oye un grito hostil. Estos maravillosos seres dormidos son el origen de nuestra vida, adornan nuestro mundo, nos dan todo, desde una taza de hierbas medicinales hasta una sombra en una tarde calurosa. Y lo que es más, ni nos molestan ni se quejan.

Las plantas son capaces de percibir, aunque vagamente, todo lo que nosotros percibimos. Nos quieren si nos preocupamos de ellas, y tratan de agasajarnos con sus frutos. Pero lo que sienten cuando las tratamos mal es difícil de imaginar. ¿Qué puede sentir un árbol cuando a su lado pasa un ser bípedo evolucionado, pero totalmente insensible y arranca una rama simplemente por aburrimiento? ¿Miedo, dolor, sufrimiento? ¿Acaso se puede trasmitir ese miedo que abarca a un ser indefenso cuando el ser bípedo se acerca a él con un hacha? Es difícil expresar qué horrorosos sufrimientos experimenta el árbol cuando su cuerpo es atravesado por un hacha y la vida se va lenta y definitivamente.

Nunca llegaremos a conocer los sentimientos de las plantas, testigos mudos de la crueldad humana que las trata como simple material biológico. Sólo podemos confiar en que duerman lo bastante profundamente para no experimentar sufrimiento tan vivamente como seres con un nivel superior de conciencia. No se puede hacer nada, el mundo es cruel, así está hecho para que unos vivan a cuenta de otros. Pero esto no da al ser humano derecho moral para considerar que en este mundo de soñadores sólo él posee alma y conciencia y que se puede despreciar a los demás.

No en balde, en pueblos no contaminados todavía por la civilización de los péndulos, antes de matar a un animal o talar un árbol es costumbre pedirles perdón. Los fieles del budismo siempre miran donde ponen los pies para no aplastar involuntariamente a algún insecto y no pisotean la hierba si se puede ir por un sendero. Todo ser vivo es digno de respeto y en este mundo todos tienen los mismos derechos. Pero si el ser humano no es de tal opinión, entonces ¿qué merece él?

En comparación con todos los demás habitantes del planeta, el ser humano sólo está relativamente «despierto» y nada más. Al fin y al cabo, la vida es un tipo de sueño. Estamos rodeados de un mundo maravilloso, poblado de seres soñadores. Y cada uno vive en su propio sueño y siempre quiere algo, aspira a algo y tiene sus derechos y también un objetivo. «¿Pero, por qué es así? ¿Para qué?», pregunta el ser humano creyéndose el colmo de la perfección. Y es porque *el proceso de lograr el objetivo es el motor de la evolución.* La evolución es una forma de creación, un modo de configuración de la realidad elegido por Dios mismo.

La idea de evolución es reciente. Antes se consideraba que el mundo no estaba sometido a cambios significativos y existía tal cual Dios lo había creado. La esencia de la evolución se puede caracterizar sucintamente como un proceso de continuos cambios cualitativos y que gradualmente se van trasformando en cuantitativos. Charles Darwin fue el primero en demostrar esta idea en su aspecto biológico. Las fuerzas motrices de la evolución son según Darwin la *variabilidad genética* y la *selección natural*. La variabilidad constituye la base de la formación de nuevos rasgos en la estructura y en las funciones de los organismos, y la genética consolida estos rasgos. Como resultado de la lucha por la supervivencia, tiene lugar preferentemente la supervivencia de los seres con mayor capacidad de adaptación.

La teoría de Darwin es correcta, sin embargo, pasa por alto un aspecto fundamental: ¿qué determina la genética? La selección natural y la genética consolidan o eliminan rasgos recurrentes como hechos consumados. Pero ¿de dónde surgen estos rasgos, que condiciona su aparición? ¿Por qué a las especies les salen aletas, alas, garras, pelo, cuernos, etc. cuando originalmente no tenían nada de esto?

En la evolución se observan saltos, dilaciones, retrocesos y la aparición de nuevas formas que desde el punto de vista de la evolución regular no tienen explicación. Por ejemplo, resultó imposible establecer la cadena del origen y desarrollo de los órganos de la visión. ¿De dónde surgió y cómo se formó la visión? Pues éste es un cambio significativo, fundamental que no pudo surgir por una simple coincidencia. Y qué decir del origen de la vida, ¿acaso surgió una vez «casualmente» el código genético de la vida?

Del modelo del Transurfing se extrae una conclusión evidente*: la variabilidad es configurada por la intención*. Cada ser vivo configura su estrato del mundo y también se configura a sí mismo. El propósito de controlar la realidad está unido al objetivo de hacerlo lo mejor posible, y para que esto suceda, uno tiene que cambiar y adaptarse al ambiente que le rodea. La intención de todo ser vivo, desde los organismos unicelulares hasta el ser humano, se puede caracterizar por una fórmula general: *yo intento actuar así y ser de esta manera para controlar eficientemente la realidad.* Ésta es la intención que materializa los sectores correspondientes al espacio de las variantes y como resultado del cual se forman nuevos rasgos.

Así, por ejemplo, es sabido que los primitivos pájaros tenían garras en las alas para poder trepar a los árboles. Posiblemente, antes de aprender a volar, tenían que subir al árbol, lanzarse y planear. Controlar la realidad de la manera «Yo subo a los árboles» no es muy efectivo. Sería mejor añadir una función más: «Puedo planear», pero todavía sería mejor otra: «Vuelo libremente». La intención de volar libremente se manifiesta en la realidad con nuevas variantes, a cada cual mejor. Consecuentemente, durante un largo período de tiempo y tras muchos cambios generacionales, se materializan los sectores en los que las alas adquieren una forma cada vez más perfeccionada.

En la evolución, junto con procesos creativos, existen también procesos destructivos. Las dos leyes del péndulo actúan aquí. Los péndulos cumplen tanto una función destructiva como estabilizadora en el transcurso de la evolución. Su interminable lucha lleva a la sustitución de unas especies por otras o a la completa desaparición. Pero, por otra parte, los péndulos sincronizan la intención de seres vivos aislados. Si no, ¿de qué forma se desarrollarían los mismos rasgos en una población que habita un amplio espacio?

La combinación de factores externos e internos, que en este caso es la aspiración de seres individuales combinada con la actividad de los péndulos, explica todo el desarrollo en el mundo material. De esta forma, *Dios crea la realidad y la controla, a través de la intención de todo lo existente.* Junto con el alma, Él introduce en cada ser vivo una parte de su intención y nos envía al sueño que es la vida.

Nuestro mundo es un teatro de sueños en el que Dios actúa a la vez como espectador, guionista, director y actor. Como espectador, Él observa la obra que se desarrolla en el escenario del mundo. Como actor, experimenta y siente lo mismo que el ser cuyo papel interpreta. Aparentemente en eso consiste el objetivo de Dios: experimentar todo lo posible en este abigarrado caleidoscopio de los sueños. Pero, ¿por qué acontecen tantas desgracias e injusticias en la obra? ¿Por qué Él permite todo esto? Y ¿qué decir de los péndulos, ese mal universal que existe con su consentimiento?

No hay respuesta a estas preguntas. Sólo Dios conoce su intención. Nosotros podemos constatar sólo un hecho: como director y guionista, Él da a la obra la posibilidad de desarrollarse libremente, de acuerdo a las intenciones de sus participantes. Cada uno aporta su grano de arena a la configuración de la realidad, como resultado de la cual se obtiene una imagen general: el sueño de Dios, entrelazado con multitud de sueños, sus manifestaciones independientes que constituyen las vidas de todos los seres.

Pero aquellas cuestiones para las que no tenemos respuesta no tienen en general importancia. Lo importante es sólo una conclusión principal que se extrae de todo lo dicho: *Dios ha otorgado a cada ser vivo libertad y poder para configurar su propia realidad en la medida de su conciencia.* En función del nivel de conciencia, la vida se convierte bien en un sueño inconsciente, donde el soñador está desvalido y se encuentra en poder de las circunstancias, o se puede convertir en un sueño consciente que la persona controla y dirige con la fuerza de la intención.

*Todo el mundo tiene libertad de elección, pero no todos hacen uso de este privilegio.* Después de todo, ¿por qué el proceso de evolución se prolonga tanto, si la intención es capaz de obtener el sector necesario del espacio de las variantes? Porque básicamente los seres vivos no usan su intención conscientemente y orientada a un objetivo. Encontrándose en un sueño inconsciente, tienen una vaga idea de lo que quieren, sin entender realmente lo que desean. La intención se percibe desdibujada, difusa y poco clara.

En este sentido, el ser humano no ha evolucionado más que los animales. Como ya hemos dicho, los péndulos los han despojado no sólo de la capacidad de controlar la realidad con el poder de su mente, sino además de la idea en sí de que eso es posible. Envuelto en el juego destructivo de los péndulos, la persona se contenta sólo con el efecto contrario de la intención exterior, recibiendo la realización de su actitud negativa y las peores expectativas. Con todo lo demás, tiene que realizar un gran esfuerzo para alcanzar sus objetivos sólo dentro del marco de la intención interna.

Y no obstante, el ser humano como tal tiene un nivel bastante alto de conciencia, es capaz de romper este círculo y convertir su vida en un sueño consciente donde la realidad se somete no sólo a la acción directa, sino también a la voluntad. Si una pequeña parte de Dios está en nosotros, significa que nuestra intención es la intención de Dios. Configurando nuestra realidad con la fuerza de la intención, cumplimos la voluntad de Dios. *Si tú manifiestas una intención, considérala la intención de Dios. ¿Cómo puedes dudar que se vaya a cumplir?* Y lo que se te pide es sólo tomar para ti este derecho.

*No pedir, no exigir y no presionar sino simplemente crear.* Configurar tu realidad con ayuda de la intención consciente. ¿Acaso Dios pide algo para sí? ¿Existe alguien a quien Dios pueda pedirle para sí mismo? Él coge todo lo que quiere de todas formas.

Cuando le rezas a Dios, es lo mismo que si Dios estuviera rezando para sí. Cuando le pides algo a Dios, es como si Él pidiera algo para sí mismo. Y podemos entenderlo de la siguiente forma: tú rezas para ti y pides para ti.

Si tu intención es la intención de Dios, entonces ¿de quién son tus miedos y dudas? También de Él. Él te ha dado la libertad de elección. Depende de ti elegir lo que quieres. Si eliges un camino difícil, alcanzarás tus objetivos con dificultad, superando todos los posibles obstáculos. ¿Y cómo podría ser si no? Al fin y al cabo, tú estás convencido de que nada resulta fácil y tal como piensas así resultará.

Pero ¿está Dios acaso tan desvalido que necesita invertir tanto esfuerzo? Él no tiene necesidad de gastar energía en la lucha contra la intratable realidad. Él es capaz de configurar su realidad a su manera. Lo mismo puede hacer el ser humano si comprende que esto es posible. Entonces, ¿por qué no te despiertas en el sueño y empleas tu antiguo privilegio? Si tú estás preparado, entonces todo lo demás es asunto de la técnica. En mi próximo libro te enseñaré cómo hacerlo.

## Resumen

- *El mundo representa un espejo dual, por uno de sus lados se ve la realidad material y por el otro el espacio metafísico de las variantes.*
- *La persona reconoce la realidad tal como le enseñaron a hacerlo.*
- *La vida es como un sueño inconsciente que uno tiene mientras duerme despierto, porque la persona no tiene puntos de apoyo en relación con la realidad.*
- *Desciende a la sala de espectadores y observa. Actúa a cierta distancia, ofrécete en alquiler y permanece como observador.*
- *El descenso del nivel de importancia, el movimiento por el espacio de las variantes y la coordinación te permiten moverte a ciegas mientras sueñas despierto.*
- *La vida de cada ser vivo es el sueño de Dios.*
- *El sentido de la vida y también de servir a Dios consiste en crear junto con él.*
- *El proceso para lograr el objetivo es el motor de la evolución.*
- *La variabilidad de especies en el proceso de evolución se configura por la intención.*
- *Dios crea y controla la realidad por medio de todo lo existente.*
- *Dios da a todo ser vivo la libertad y el poder de configurar su realidad en la medida de su conciencia.*
- *Si expresas una intención, considérala la intención de Dios. ¿Cómo puedes dudar de que se pueda llevar a cabo?*
- *No pedir, no exigir no presionar, simplemente crear.*

# ÍNDICE

LO MÁS DESTACADO DE LA TRILOGÍA
REALITY TRANSURFING ........................................... 7

CAPÍTULO I. LA DANZA DE LAS SOMBRAS ............... 27
    Origen de la intención ........................................ 27
    La ley del infortunio .......................................... 31
    Todo sucede adrede ........................................... 37
    La regla del péndulo .......................................... 45
    Estabilización de la estructura ........................... 58
    Los alienígenas índigo ....................................... 69
    Los señores de la energía ................................... 75
    Declaración de intenciones ................................ 83
    Resumen ............................................................. 95

CAPÍTULO II. EL SUEÑO DE LOS DIOSES ................. 97
    Dos aspectos de la realidad ............................... 97
    Soñar despierto .................................................. 104
    Los niños de Dios .............................................. 115
    El teatro de los sueños ....................................... 120
    Resumen ............................................................. 131